PRINCE2® 6de editie – POCKET GUIDE

Andere uitgaven bij Van Haren Publishing

Van Haren Publishing (VHP) is gespecialiseerd in uitgaven over Best Practices, methodes en standaarden op het gebied van de volgende domeinen:
- IT en IT-management;
- Enterprise-architectuur;
- Projectmanagement, en
- Businessmanagement.

Deze uitgaven zijn beschikbaar in meerdere talen en maken deel uit van toonaangevende series, zoals *Best Practice, The Open Group series, Project management* en *PM series*.

Van Haren Publishing is tevens de uitgever voor toonaangevende instellingen en bedrijven, onder andere: Agile Consortium, ASL BiSL Foundation, CA, Centre Henri Tudor, Gaming Works, IACCM, IAOP, IPMA-NL, ITSqc, NAF, KNVI, PMI-NL, PON, The Open Group, The SOX Institute.

Onderwerpen per domein zijn:

IT and IT Management	Enterprise Architecture	Project Management
ABC of ICT	ArchiMate®	A4-Projectmanagement
ASL®	GEA®	DSDM/Atern
CATS CM®	Novius Architectuur Methode	ICB / NCB
CMMI®	TOGAF®	ISO 21500
COBIT®		MINCE®
e-CF	**Business Management**	M_o_R®
ISO/IEC 20000	*BABOK® Guide*	MSP®
ISO/IEC 27001/27002	BiSL® and BiSL® Next	P3O®
ISPL	BRMBOK™	*PMBOK® Guide*
IT4IT®	BTF	Praxis®
IT-CMF™	EFQM	PRINCE2®
IT Service CMM	eSCM	
ITIL®	IACCM	
MOF	ISA-95	
MSF	ISO 9000/9001	
SABSA	OPBOK	
SAF	SixSigma	
SIAM™	SOX	
TRIM	SqEME®	
VersiSM™		

Voor een compleet overzicht van alle uitgaven, ga naar onze website: www.vanharen.net

PRINCE2®
6de editie
Pocket Guide

Bert Hedeman
Ron Seegers

Colofon

Titel:	PRINCE2® 6de editie – Pocket Guide
Serie:	Best Practice
Auteurs:	Bert Hedeman (HWP Consulting)
	Ron Seegers (Projectmeester)
Reviewers:	Jaap Germans (Pink Elephant)
	Mark Kouwenhoven (nThen!)
	Henny Portman (HWP Consulting)
Tekstredactie:	Foeng Tjin, Amsterdam
Uitgever:	Van Haren Publishing, 's-Hertogenbosch
	www.vanharen.net
ISBN:	978 94 018 0585 8
ISBN EBook pdf:	978 94 018 0587 2
ISBN EPub:	978 94 018 0589 1
Druk:	Eerste druk, eerste oplage, oktober 2009
	Tweede druk, eerste oplage, januari 2020
Vormgeving en lay-out:	S&B IT Services, Amersfoort
Copyright:	© Van Haren Publishing 2018, 2020

© Crown copyright 2017 Reproduced under licence from AXELOS Ltd.: Figures 1.1, 5.1, 6.1, 6.2, 6.3, 8.1, 8.3, 8.4, 9.1, 9.2, 9.4, 10.1, 11.1, 11.2, 12.1, 14.1, 17.1, C1 and C2.

PRINCE2®, MSP™, M_o_R®, P3O®, PRINCE2 Agile™, MoP™ and P3M3™ are a Registered Trade Mark of AXELOS Ltd.. AgilePM® is a registered trademark of DSDM in the United Kingdom and other countries.

For any further enquiries about Van Haren Publishing, please send an e-mail to: info@vanharen.net

Although this publication has been composed with most care, neither Author nor Editor nor Publisher can accept any liability for damage caused by possible errors and/or incompleteness in this publication.

No part of this publication may be reproduced in any form by print, photo print, microfilm or any other means without written permission by the Publisher.

Inhoud

DEEL I INTRODUCTIE   1

Inleiding 3

1.1 Het doel van deze pocket guide 3
1.2 Wat is een project? 3
1.3 Waarom zijn projecten belangrijk? 3
1.4 Projecten versus reguliere activiteiten 4
1.5 Wat is projectmanagement? 4
1.6 Waarvoor is de projectmanager verantwoordelijk? 5
1.7 Wat willen alle betrokken partijen beheersen? 5

Inleiding PRINCE2 7

2.1 Structuur van PRINCE2 7
2.2 Wat maakt een project een PRINCE2-project? 8
2.3 Wat is geen onderdeel van PRINCE2? 8
2.4 Klant-leveranciersomgeving 8
2.5 Voordelen PRINCE2 9

Principes 11

3.1 Voortdurende zakelijke rechtvaardiging 11
3.2 Leren van ervaring 11
3.3 Gedefinieerde rollen en verantwoordelijkheden 12
3.4 Managen per fase 12
3.5 Managen by exception 12
3.6 Productgericht plannen 13
3.7 Op maat maken voor de projectomgeving 13

DEEL II THEMA'S   15

Inleiding PRINCE2-thema's 17

Business case 19

5.1 Doel 19
5.2 Definities 19
5.3 PRINCE2 voorwaarden thema business case 20
5.4 PRINCE2 aanpak thema business case 20
5.5 De inhoud van een business case 22
5.6 Richtlijnen voor effectief business case management 23
5.7 Technieken investeringsbeoordeling 23
5.8 Verantwoordelijkheden thema business case 24

Organisatie 25

6.1	Doel	25
6.2	Definities	25
6.3	Organisatieniveaus	26
6.4	PRINCE2 voorwaarden thema organisatie	27
6.5	Projectmanagementteam	27
6.6	Communicatiemanagementaanpak	30
6.7	Richtlijnen voor een effectieve organisatie	30

Kwaliteit 31

7.1	Doel	31
7.2	Definities	31
7.3	PRINCE2 voorwaarden thema kwaliteit	32
7.4	Doel kwaliteitsmanagementproducten	32
7.5	Kwaliteitsmanagement	32
7.6	PRINCE2 aanpak thema kwaliteit	33
7.7	Richtlijnen voor effectief kwaliteitsmanagement	34
7.8	Kwaliteitsreviewtechniek	35
7.9	Verantwoordelijkheden thema kwaliteit	36

Plannen 37

8.1	Doel	37
8.2	Definities	37
8.3	PRINCE2 voorwaarden thema plannen	39
8.4	Managementfasen	39
8.5	PRINCE2 aanpak thema plannen	40
8.6	PRINCE2-aanpak definiëren en analyseren producten	41
8.7	Richtlijnen voor effectief plannen	43
8.8	Verantwoordelijkheden thema plannen	44

Risico 45

9.1	Doel	45
9.2	Definities	45
9.3	PRINCE2 voorwaarden thema risico	46
9.4	PRINCE2 aanpak thema risico	46
9.5	Risicomanagementprocedures	46
9.6	Richtlijnen voor effectief risicomanagement	50
9.7	Verantwoordelijkheden thema risico	51

Wijziging 53

10.1	Doel	53
10.2	Definities	53
10.3	PRINCE2 voorwaarden thema wijziging	54

10.4	PRINCE2 aanpak thema wijziging.	54
10.5	Procedure beheersing issues en wijzigingen.	56
10.6	Richtlijnen voor effectief wijzigingsbeheer	57
10.7	Verantwoordelijkheden thema wijziging	58

Voortgang ... 59

11.1	Doel	59
11.2	Definities	59
11.3	PRINCE2 voorwaarden thema voortgang.	59
11.4	Managen by exception	60
11.5	PRINCE2 aanpak thema voortgang	60
11.6	Delegeren van autoriteit	60
11.7	Gebeurtenis- en tijdgedreven beheersinstrumenten	61
11.8	Escaleren van afwijkingen.	62
11.9	Richtlijnen voor een effectieve voortgangsbeheersing	63
11.10	Verantwoordelijkheden thema voortgang	64

DEEL III PROCESSEN 65

Inleiding PRINCE2-processen ... 67

12.1	Pre-project	68
12.2	Initiatiefase.	68
12.3	Uitvoeringsfase(n)	69
12.4	Laatste uitvoeringsfase	69
12.5	Post-project	69
12.6	Op maat maken van de processen	70

Opstarten van een project ... 71

13.1	Doel	71
13.2	Doelstelling	71
13.3	Context	72
13.4	Activiteiten.	72
13.5	Op maat maken opstarten van een project	74

Sturen van een project ... 75

14.1	Doel	75
14.2	Doelstelling	75
14.3	Context	76
14.4	Activiteiten.	76
14.5	Op maat maken sturen van een project	78

Initiëren van een project 79

- 15.1 Doel 79
- 15.2 Doelstelling 79
- 15.3 Context 80
- 15.4 Activiteiten 80
- 15.5 Op maat maken initiëren van een project 84

Beheersen van een fase 85

- 16.1 Doel 85
- 16.2 Doelstelling 85
- 16.3 Context 86
- 16.4 Activiteiten 86
- 16.5 Op maat maken beheersen van een fase 89

Managen productoplevering 91

- 17.1 Doel 91
- 17.2 Doelstelling 91
- 17.3 Context 92
- 17.4 Activiteiten 92
- 17.5 Op maat maken managen productoplevering 93

Managen van een faseovergang 95

- 18.1 Doel 95
- 18.2 Doelstelling 95
- 18.3 Context 96
- 18.4 Activiteiten 96
- 18.5 Op maat maken managen van een faseovergang 98

Afsluiten van een project 101

- 19.1 Doel 101
- 19.2 Doelstelling 101
- 19.3 Context 102
- 19.4 Activiteiten 102
- 19.5 Op maat maken afsluiten van een project 104

DEEL IV OP MAAT MAKEN EN VERANKEREN 105

Inleiding op maat maken en verankeren van PRINCE2 107

- 20.1 Op maat maken van PRINCE2 107
- 20.2 Verankeren van PRINCE2 107

Op maat maken van PRINCE2 .... **109**

21.1 Onderdelen van het op maat maken 109
21.2 Complexiteit van het project... 110
21.3 Kleinschalige projecten... 111
21.4 Agile projecten.. 112
21.5 Commercieel project.. 113
21.6 Projecten in een programma.. 113
21.7 Multi-organisatie projecten.. 114

Verankeren en invoeren van PRINCE2 .... **115**

22.1 Verankeren van PRINCE2... 115
22.2 Invoeren van PRINCE2... 117
22.3 Projectvolwassenheid 119

Bijlage A   Productbeschrijvingen van managementproducten 121
Bijlage B   Rollen en verantwoordelijkheden... 135
Bijlage C   Voorbeeld van productgerichte planning................................... 143
Bijlage D   Verklarende woordenlijst 147

Over de auteurs 161

DEEL I INTRODUCTIE

Hoofdstuk 1
Inleiding

PRINCE2 is een generieke methode voor projectmanagement. PRINCE2 werd in 1996 door CCTA ontwikkeld. Sindsdien zijn er verschillende nieuwe versies uitgebracht. De laatste update van de methode is in 2017 gepubliceerd.

PRINCE2 is nu een geregistreerd handelsmerk van AXELOS Ltd.. AXELOS Ltd. is ook verantwoordelijk voor het certificeren van organisaties, activiteiten en personen op basis van best practices zoals PRINCE2 Agile™, MSP™, P3O™, MoP™, M_o_R® en P3M3™.

1.1 Het doel van deze pocket guide

Deze pocket guide biedt een samenvatting van de PRINCE2-methode om een snelle introductie in en een gestructureerd overzicht van de methode te krijgen. Het dient ook als een informatiebron voor mensen die de methode in het verleden hebben bestudeerd en de nieuwe versie in hun projecten willen toepassen.

1.2 Wat is een project?

Een project is een geheel van samenhangende activiteiten in een tijdelijke organisatie om binnen gestelde condities een van te voren gedefinieerd resultaat op te leveren.

Binnen de context van de methode van PRINCE2 wordt een project gedefinieerd als:

> Een tijdelijke organisatie die is opgezet met als doel één of meer zakelijke producten op te leveren volgens een overeengekomen business case.

1.3 Waarom zijn projecten belangrijk?

Projecten worden met name uitgevoerd onder omstandigheden waarbij de normale bedrijfsactiviteiten niet het gewenste resultaat opleveren. Eén van die omstandigheden is wanneer veranderingen moeten worden doorgevoerd om in de toekomst concurrerend te kunnen blijven.

Door de tijdelijke organisatie van projecten kunnen alle belanghebbenden worden samengebracht om de benodigde producten op te leveren en de besluitvorming rond deze producten te faciliteren. De structuur en de processen binnen een projectmatige aanpak versterken de focus op, de ondersteuning van en de betrokkenheid bij de op te leveren producten. Daarom zijn projecten een belangrijk middel om veranderingen door te voeren.

Nu veranderingen zowel binnen het bedrijfsleven als binnen de overheid steeds sneller moeten worden doorgevoerd, wordt het goed uitvoeren van projecten ook steeds belangrijker.

1.4 Projecten versus reguliere activiteiten

Op basis van de definitie van een project kan een aantal kenmerken tussen projecten en reguliere bedrijfsactiviteiten worden onderscheiden:

- **Verandering** – De meeste projecten worden in een veranderende omgeving uitgevoerd en zijn tegelijkertijd het middel waarmee de organisatie deze veranderingen doorvoert. Dit veroorzaakt vaak een grote weerstand bij de betrokken partijen. Het project moet deze weerstand beheersen en naast de opdracht om de vooraf vastgestelde producten op te leveren ook in toenemende mate bijdragen aan het verminderen van deze weerstand.
- **Tijdelijk** – Voor een project is dit een essentiële voorwaarde. Anders is het geen project. Een project eindigt automatisch op het moment dat de vooraf vastgestelde producten worden opgeleverd. Projecten zijn van nature eindig; ze hebben een vooraf vastgesteld begin en eind.
- **Multidisciplinair** – Een project bestaat uit een team van mensen met verschillende vaardigheden en functies. Deze kunnen afkomstig zijn uit één organisatie maar ook uit verschillende organisaties.
- **Uniek** – Elk project is anders, zelfs wanneer er een identiek product of dienst wordt opgeleverd. De context is anders of er zijn verschillen in doelstellingen, nieuwe teamleden of andere belanghebbenden. Hierdoor is elk project uniek ten opzichte van elk ander project.
- **Onzekerheid** – Alle bovenstaande kenmerken zorgen voor onzekerheden en hierdoor ontstaan er altijd kansen en bedreigingen. Dit kan niet worden voorkomen. Het is alleen te beheersen. Projecten zijn daarom meestal risicovoller dan de reguliere bedrijfsactiviteiten. Risicomanagement is dan ook een integraal onderdeel van projectmanagement.

1.5 Wat is projectmanagement?

Projectmanagement is het plannen, delegeren, bewaken en beheersen van alle aspecten van het project, en het motiveren van betrokkenen om de projectdoelen binnen de verwachte prestatiedoelstellingen voor tijd, kosten, scope, kwaliteit, risico's en benefits te realiseren, zie figuur 1.1.

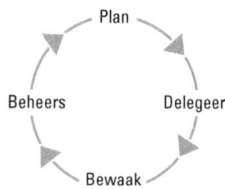

Figuur 1.1 Projectmanagement (bron: AXELOS Ltd.)

Het doel van projectmanagement is om de specialistenwerkzaamheden te beheersen die nodig zijn om de op te leveren producten van het project te realiseren.

Binnen deze definitie is projectmanagement niet beperkt tot de werkzaamheden van de projectmanager. Projectmanagement vereist inspanning van iedereen die bij het management van het project is betrokken; hiertoe behoren ook de opdrachtgever, de overige leden van de stuurgroep, de project support en de teammanagers.

1.6 Waarvoor is de projectmanager verantwoordelijk?

De projectmanager is verantwoordelijk voor de dagelijkse leiding van het project, binnen de kaders die met de opdrachtgever/stuurgroep zijn afgesproken.

Als onderdeel van de dagelijkse leiding is de projectmanager zowel verantwoordelijk voor de planning, delegatie, bewaking en beheersing van de uit te voeren werkzaamheden als voor het management van andere aspecten van het project, zoals:
- Het betrekken van de belanghebbenden bij het project om ondersteuning en betrokkenheid te krijgen en om de weerstand tegen de voorgenomen veranderingen te verminderen;
- Het motiveren van de teamleden en iedereen die aan het project moet bijdragen.

1.7 Wat willen alle betrokken partijen beheersen?

Er zijn ten minste zes aspecten die in ieder project aan de orde zijn en die moeten worden beheerst:
- **Kosten** – de kosten voor het realiseren van het projectproduct inclusief de kosten voor het projectmanagement.
- **Tijd** – de totale levensduur van het project en/of de datum waarop de projectproduct moet worden opgeleverd.

- **Scope** – wat moet er worden opgeleverd en wat niet? Welke werkzaamheden moeten er worden uitgevoerd en welke niet?
- **Kwaliteit** – het vermogen van het projectproduct om aan de gestelde eisen te voldoen en het beoogde doel te kunnen realiseren.
- **Risico's** – zowel het beheersen van de bedreigingen als het optimaliseren van de kansen.
- **Benefits** – de benefits die moeten worden gerealiseerd met het op te leveren projectproduct.

PRINCE2 definieert het projectproduct als al datgene wat het project moet opleveren om geaccepteerd te worden. De producten van een project zijn alle producten die gedurende het project moeten worden gerealiseerd inclusief de managementproducten.

Afgezien van deze basisaspecten moeten binnen projecten vaak ook nog andere aspecten worden beheerst, zoals gezondheid, milieu, veiligheid en beveiliging. Deze aspecten kunnen als verbijzondering binnen het aspect kwaliteit worden meegenomen.

Hoofdstuk 2
Inleiding PRINCE2

PRINCE2 is een gestructureerde projectmanagementmethode die op 'best practice' is gebaseerd. Projectmanagers en anderen zijn vrij om de methode in hun eigen praktijk toe te passen.

PRINCE2 is generiek. Het kan op elk project worden toegepast, los van schaal, type, organisatie, land of cultuur. De methode moet echter wel worden toegesneden op het betreffende project. Dit wordt gerealiseerd door de managementaspecten te scheiden van de bijdragen van specialisten, zoals ontwerp, constructie, enz. De werkzaamheden van specialisten kunnen echter gemakkelijk met de managementactiviteiten van de PRINCE2-methode worden geïntegreerd.

Omdat PRINCE2 generiek is en op bewezen principes is gebaseerd, kunnen organisaties de methode gemakkelijk als een standaard toepassen en zo hun vermogen om projecten uit te voeren en veranderingen door te voeren verbeteren.

PRINCE2 is een beschermd handelsmerk. Professionele training is voorbehouden aan geaccrediteerde trainingsorganisaties en hun affiliates; zie ook de website van AXELOS Ltd.: www.axelos.com.

2.1 Structuur van PRINCE2

De PRINCE2-methode benadert projectmanagement vanuit vier verschillende perspectieven:
- **Principes** – zijn de grondslagen waaraan een willekeurig project moet voldoen, wil het een PRINCE2-project zijn.
- **Thema's** – zijn de minimale managementaspecten die tijdens het hele project continu en tegelijkertijd beheerst moeten worden. Ieder thema beschrijft de specifieke toepassing van dat thema en waarom deze nodig is.
- **Processen** – beschrijven stapsgewijs het gehele project vanaf het opstarten tot en met het afsluiten van het project. Elk proces beschrijft de noodzakelijke activiteiten, de op te leveren managementproducten en de bijbehorende verantwoordelijkheden.
- **Op maat maken van PRINCE2** – beschrijft hoe de PRINCE2-methode kan worden toegesneden op een specifiek project in een gegeven context.

2.2 Wat maakt een project een PRINCE2-project?

Een project is een PRINCE2-project indien ten minste:
- Alle PRINCE2-principes worden toegepast;
- Alle PRINCE2-processen worden toegepast naar hun doel en hun doelstelling;
- Voldaan wordt aan de minimale eisen die in de PRINCE2-thema's worden beschreven;
- Alle door PRINCE2 aanbevolen – of gelijkwaardige – technieken worden toegepast.

2.3 Wat is geen onderdeel van PRINCE2?

Er zijn drie generieke gebieden die met opzet buiten de scope van PRINCE2 zijn gehouden:
- **Specialistenwerk** – De kracht van PRINCE2 is zijn brede toepasbaarheid. Daarom vallen industriespecifieke of vakspecifieke activiteiten buiten de scope van PRINCE2. Echter PRINCE2 kan gemakkelijk aan industriespecifieke of vakspecifieke levenscyclusmodellen worden aangepast.
- **Technieken** – Er zijn vele bewezen planning- en beheerstechnieken. Dergelijke technieken zijn echter elders al goed beschreven. Technieken zijn alleen in de PRINCE2-methode beschreven wanneer ze aan de specifieke PRINCE2-behandeling van een thema bijdragen, zoals bijvoorbeeld de techniek productgerichte planning.
- **Leiderschapskwaliteiten** – Leiderschap en andere sociale vaardigheden zijn erg belangrijk voor het managen van projecten, maar kunnen niet in één methode worden beschreven en worden ook al in veel literatuur uitgebreid behandeld. De principes, thema's en processen van PRINCE2 ondersteunen echter wel het gewenste sociale gedrag en dragen hierdoor ook bij aan het leidinggeven van het project.

2.4 Klant-leveranciersomgeving

PRINCE2 is gebaseerd op een klant-/leveranciersomgeving. Het neemt aan dat er een klant is die het gewenste resultaat bepaalt en waarschijnlijk voor het project betaalt, en een leverancier die de mensen en middelen levert die nodig zijn om dat resultaat te realiseren.

Klanten en leveranciers kunnen deel uitmaken van dezelfde organisatie maar ze kunnen ook deel uitmaken van verschillende organisaties. Binnen de klant kunnen we weer gebruikers en bedrijfsvertegenwoordigers onderscheiden.

2.5 Voordelen PRINCE2

Alle betrokken partijen, vooral de opdrachtgever/klant, de projectmanager en de leveranciers hebben baat bij het gebruik van de methode PRINCE2. De belangrijkste voordelen zijn:

- Bewezen 'best practice' en wereldwijd algemeen erkend;
- Kan in elk type project worden toegepast;
- Biedt een gemeenschappelijk taalgebruik en aanpak;
- Kan gemakkelijk met industriestandaarden worden geïntegreerd;

- Mensen en middelen worden toegewezen als onderdeel van de 'go/no-go' beslissingen;
- Gedegen maar efficiënte structuur van rapporteren;
- Bijeenkomsten alleen op belangrijke momenten;

- Stimuleert leren en voortdurende verbetering;
- Stimuleert hergebruik van projectmiddelen;
- Beschikbaarheid van geaccrediteerde trainingsorganisaties;

- Duidelijke rollen en verantwoordelijkheden voor alle betrokken partijen;
- Focus op voortdurende rechtvaardiging van het project;
- Deelname belanghebbenden in planning en besluitvorming;
- Managen by exception op alle niveaus van het project;

- Productfocus: wat levert een project op;
- Plannen voldoen aan de behoefte van verschillende managementniveaus;
- Kwaliteitsbeoordelingen gedurende de gehele levenscyclus van het project;
- Beheersen van zakelijke- en projectrisico's;
- Issues worden gemanaged en zo nodig geëscaleerd;
- Faciliteert borging en beoordeling projectwerkzaamheden.

Hoofdstuk 3
Principes

Het doel van PRINCE2 is het bieden van een generieke projectmanagementmethode onafhankelijk van de grootte, type en complexiteit van het project en van de omgevingsfactoren.

Dit is mogelijk omdat PRINCE2 op principes is gebaseerd. Principes worden gekenmerkt door het feit dat ze universeel, zelfbevestigend en bekrachtigend zijn.

3.1 Voortdurende zakelijke rechtvaardiging

Het is voor elk PRINCE2-project een vereiste dat:
- De reden om het te starten kan worden gerechtvaardigd;
- De rechtvaardiging kan veranderen, maar gedurende het project de zakelijke rechtvaardiging wel valide blijft;
- De rechtvaardiging wordt gedocumenteerd en goedgekeurd.

De rechtvaardiging is de kracht achter het beslissingsproces. In PRINCE2 wordt de rechtvaardiging in de business case vastgelegd.

3.2 Leren van ervaring

De methode van PRINCE2 is gefundeerd op het leren van ervaring:
- Bij de start van het project dienen eerdere leerpunten te worden verzameld om te zien of deze leerpunten kunnen worden toegepast.
- Gedurende de voortgang van het project dienen leerpunten in alle relevante rapportages en reviews te worden opgenomen. Het doel hiervan is om de uitvoering van het project al tijdens de realisatie te verbeteren.
- Tijdens faseovergangen en bij het afsluiten van een project dienen de leerpunten uit het project te worden doorgegeven aan de relevante bedrijfs- of programmaorganisatie of klant.

Het is ieders verantwoordelijkheid om actief leerpunten te verzamelen in plaats van passief af te wachten totdat iemand anders ze opbrengt.

3.3 Gedefinieerde rollen en verantwoordelijkheden

Een PRINCE2-project bevat overeengekomen rollen en verantwoordelijkheden in een organisatiestructuur waarbinnen de bedrijfs-, gebruikers- en leveranciersbelangen zijn vertegenwoordigd.

- Bedrijfsvertegenwoordigers stellen de doelstellingen vast en dienen zeker te stellen dat de investering toegevoegde waarde levert;
- Gebruikers gaan de op te leveren producten van het project gebruiken om de overeengekomen benefits te realiseren;
- Leveranciers leveren de mensen en middelen die voor het project nodig zijn om de op te leveren producten te realiseren.

Daarom dienen alle drie de belangen effectief in de projectorganisatie te worden vertegenwoordigd, zowel op uitvoeringsniveau als op stuurgroepniveau.

3.4 Managen per fase

Een PRINCE2-project wordt fase-voor-fase gepland, bewaakt en beheerst.

Managementfasen bieden de stuurgroep beheersing op belangrijke beslismomenten. Managementfasen maken het mogelijk werkzaamheden binnen een planningshorizon gedetailleerd te plannen, terwijl met het projectplan het project als geheel kan worden bewaakt. Aan het eind van elke managementfase wordt het faseplan voor de volgende fase opgesteld en wordt het projectplan geactualiseerd.

PRINCE2 omvat minimaal twee managementfasen: een initiatiefase en een uitvoeringsfase.

3.5 Managen by exception

Voor het afbakenen van de gedelegeerde verantwoordelijkheden worden voor de verschillende projectniveaus voor iedere projectdoelstelling toleranties gedefinieerd.

PRINCE2 maakt een effectieve aansturing mogelijk door op elk planniveau specifieke verantwoordelijkheden en bevoegdheden vast te stellen via:

- Het delegeren van verantwoordelijkheden door het overeenkomen van prestatiedoelstellingen voor tijd, kosten, scope, kwaliteit, benefits en risico's;
- Het delegeren van bevoegdheden door het overeenkomen van toleranties voor de gedefinieerde prestatiedoelstellingen;

- Het opzetten van een borgingsmechanisme zodat elk managementniveau er zeker van kan zijn dat overeengekomen afspraken effectief zijn en worden nagekomen.

Wanneer overeengekomen toleranties dreigen te worden overschreden, dient dit onmiddellijk naar het naasthogere managementniveau te worden geëscaleerd.

Managen by exception zorgt voor een effectief gebruik van de tijd van de directie en voorkomt tijdverslindende vergaderingen waar veel projecten vaak onder te lijden hebben.

3.6 Productgericht plannen

Een PRINCE2-project richt zich op het vaststellen en opleveren van producten conform de overeengekomen kwaliteitseisen.

Een succesvol project is gericht op de output en niet op de activiteit. Een project dat op output gericht is, is er één die voor de start van de werkzaamheden de op te leveren producten overeenkomt, inclusief de bijbehorende kwaliteitseisen.

Het totaal van de op te leveren producten definieert de scope van het project en is daarmee de basis voor de planning en beheersing van het project.

Zonder een projectgerichte aanpak is er een grote kans op meningsverschillen over de acceptatiecriteria, het onbeheerst wijzigen van de scope, onvrede bij gebruikers en onderschatting van acceptatieactiviteiten.

3.7 Op maat maken voor de projectomgeving

PRINCE2 dient op maat te worden gemaakt om aan te sluiten bij zowel specifieke projectfactoren als de omgevingsfactoren van een project:
- Zorg ervoor dat de projectmanagementmethode aansluit op de projectomgeving zoals industriespecifieke modellen, bedrijfsstandaarden, volwassenheid van organisatie en de organisatiecultuur;
- Zorg ervoor dat de projectbeheersinstrumenten gebaseerd worden op projectfactoren zoals omvang, complexiteit, belang en risico's.

Het op maat maken vereist een actieve beslissing over hoe de methode toegepast gaat worden. Om ervoor te zorgen dat alle betrokkenen begrijpen hoe de methode is toegesneden op het specifieke project in de gegeven context moet dit altijd voor het betreffende project in de projectinitiatiedocumentatie (PID) worden vastgelegd.

DEEL II THEMA'S

Hoofdstuk 4
Inleiding PRINCE2-thema's

De thema's van PRINCE2 beschrijven die aspecten van projectmanagement die tijdens het project voortdurend en integraal moeten worden gemanaged; zie figuur 4.1.

Figuur 4.1 De PRINCE2-thema's

Business case – beschrijft hoe de business case en de bijbehorende benefitsmanagement-aanpak worden ontwikkeld, onderhouden, getoetst en bevestigd gedurende het project.

Organisatie – beschrijft de rollen en verantwoordelijkheden in de tijdelijke project-organisatie die vereist zijn om het project effectief te managen.

Kwaliteit – beschrijft hoe de oorspronkelijke kwaliteitsverwachtingen worden uitgewerkt tot kwaliteitscriteria en hoe het projectmanagement vervolgens zeker stelt dat aan deze criteria wordt voldaan.

Plannen – beschrijft de stappen die zijn vereist om de plannen te ontwikkelen en beschrijft een techniek voor productgericht plannen.

Risico's – beschrijft hoe onzekerheden in de plannen en in de bredere projectomgeving worden gemanaged.

Wijziging – beschrijft hoe issues worden beoordeeld en gemanaged die een impact hebben op de goedgekeurde baselines van het project en/of op de goedgekeurde projectdoelstellingen. Issues kunnen onverwachte problemen of punten van zorg zijn, wijzigingsverzoeken of afwijkingen van de specificaties.

Voortgang – gaat over de doorlopende levensvatbaarheid van de plannen. Dit thema beschrijft het proces van het goedkeuren van plannen, het bewaken van de daadwerkelijke prestaties, het nemen van corrigerende maatregelen en het escaleren van issues, wanneer wordt voorzien dat overeengekomen toleranties worden overschreden.

Alle zeven thema's moeten worden toegesneden op het specifieke project in de gegeven context.

Hoofdstuk 5
Business case

5.1 Doel

Het doel van het thema business case is om een raamwerk vast te stellen waarmee kan worden beoordeeld of het project wenselijk, levensvatbaar en haalbaar is om de besluitvorming over de investering te faciliteren.

5.2 Definities

De belangrijkste definities ten aanzien van het thema business case zijn:
- **Output** – de op te leveren specialistenproducten (tastbaar en niet tastbaar);
- **Uitkomst** – het resultaat van een verandering, waarbij gewoonlijk het werkelijk gedrag en/of de omstandigheden worden beïnvloed;
- **Benefit** – de meetbare verbetering van een verandering, zoals deze door de belanghebbenden wordt ervaren;
- **Dis-benefit** – een meetbare verandering als gevolg van de uitkomst, die als negatief wordt ervaren door één of meer belanghebbenden en die ook een negatief effect heeft op één of meer organisatiedoelstellingen.

De seniorgebruiker is verantwoordelijk voor het specificeren van de benefits en dis-benefits, het realiseren van de benefits en het minimaliseren van de dis-benefits van het projectproduct. De opdrachtgever is eigenaar van de business case, moet zekerstellen dat het project waar voor zijn geld oplevert en moet het project afstemmen op de doelstellingen van het bedrijfs- of programmamanagement of de klant.

Voor sommige projecten kan de levensvatbaarheid op basis van het investeringsrendement worden bepaald. Voor andere projecten moet de levensvatbaarheid aan de hand van niet-financiële benefits worden vastgesteld.

Los van het type benefit blijft het voor elke investering de vraag of de wenselijkheid, levensvatbaarheid en haalbaarheid van dat project groter is dan die van andere projecten. Zelfs projecten die verplicht zijn, vereisen een rechtvaardiging ter goedkeuring van de optie die is gekozen om aan deze verplichting te voldoen.

5.3 PRINCE2 voorwaarden thema business case

Een PRINCE2-project moet minimaal:
- De zakelijke rechtvaardiging opstellen en onderhouden;
- De benefitsmanagementaanpak opstellen en onderhouden;
- De rollen en verantwoordelijkheden definiëren en vastleggen met betrekking tot de business case en het benefitsmanagement.

Het doel van de business case is om de zakelijke rechtvaardiging van het project vast te leggen. Het doel van de benefitsmanagementaanpak is om de managementacties vast te leggen die nodig zijn om zeker te stellen dat met het projectproduct de voorziene benefits worden gerealiseerd, gereviewd en bevestigd.

5.4 PRINCE2 aanpak thema business case

De business case op hoofdlijnen wordt ontwikkeld tijdens het proces opstarten van een project (of zelfs daarvoor), uitgewerkt tijdens het proces initiëren van een project en gedurende de hele levenscyclus van het project onderhouden. De business case wordt formeel geverifieerd door de stuurgroep tijdens ieder beslispunt zodat gedurende het gehele project kan worden bevestigd dat het project nog steeds wenselijk, levensvatbaar en haalbaar is.

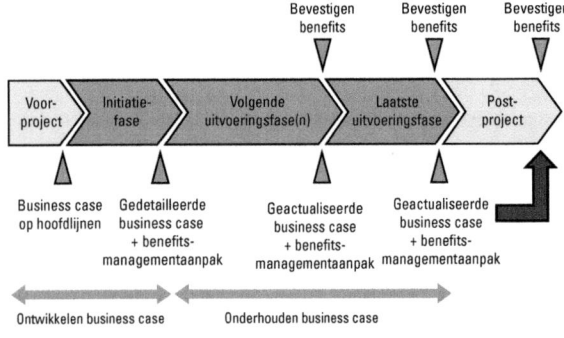

Figuur 5.1 Het ontwikkelpad van de business case (gebaseerd op: AXELOS PRINCE2 materiaal)

Naast de business case wordt de benefitmanagementaanpak ontwikkeld, onderhouden en geverifieerd. De bijgewerkte business case en benefitsmanagementaanpak vormen de basis voor de benefitsreviews tijdens en na oplevering van het project, zie figuur 5.1.

5.4.1. Ontwikkelen van de business case

De opdrachtgever is eindverantwoordelijk voor de business case. Het ontwikkelen van de business case kan echter worden gedelegeerd aan een business analist of aan de projectmanager. Mogelijk kan de projectborging assisteren in de ontwikkeling van de business case.

De business case op hoofdlijnen wordt tijdens het proces opstarten van een project ontwikkeld en vastgelegd in het projectvoorstel. De business case op hoofdlijnen kan meestal worden afgeleid uit het projectmandaat. Tijdens het proces initiëren van een project wordt de business case uitgewerkt en vastgelegd in de projectinitiatiedocumentatie.

5.4.2. Toetsen en onderhouden van de business case

De business case moet worden gereviewd door de projectmanager:
- Bij het beoordelen van iedere nieuwe of gewijzigde issue of risico;
- Bij het opstellen van een afwijkingsrapport;
- Op het eind van het project om na te gaan of met de door te voeren veranderingen de voorziene benefits kunnen worden gerealiseerd.

De business case moet worden geactualiseerd/onderhouden door de projectmanager tijdens het proces managen van een faseovergang.

De business case moet worden gereviewd en geverifieerd door de stuurgroep:
- Na afloop van het proces opstarten van een project om de initiatie van het project te autoriseren;
- Na afloop van het proces initiëren van een project om het project te autoriseren;
- Als onderdeel van het beoordelen afwijkingsplan om de herziene fase en de voortzetting van het project te autoriseren;
- Na afloop van het proces managen van een faseovergang om de volgende fase en de voortzetting van het project te autoriseren;
- Bij de afsluiting van het project om te toetsen of er een juiste basis is voor de te houden benefitsreviews.

De business case moet tenslotte tijdens de benefitsreviews worden gereviewd om vast te stellen of de voorziene benefits zijn of worden gerealiseerd.

De opdrachtgever is ervoor verantwoordelijk dat de benefits reviews worden gehouden die eventueel tijdens het project al nodig zijn en moet er tevens voor zorgen dat de verantwoordelijkheid voor de post-project benefits reviews tijdig wordt overgedragen aan het bedrijfs- of programmamanagement of de klant. De seniorgebruiker moet tijdens de benefits reviews het management een overzicht geven van de werkelijke versus de geraamde benefits.

5.4.3 Zorgen en bevestigen dat de benefits worden gerealiseerd

In de benefitsmanagementaanpak wordt vastgelegd:
- Welke benefits moeten worden gemanaged en gemeten;
- Wie eindverantwoordelijk is voor het realiseren van de voorziene benefits;
- Hoe, wanneer en door wie de benefits zullen worden gemeten;
- De nulmetingen waartegen de benefits worden gemeten;
- Welke managementacties nodig zijn om te zorgen dat de benefits worden gerealiseerd, gemeten en bevestigd en de daarbij benodigde capaciteit.

De benefitsmanagementaanpak wordt in de initiatiefase opgesteld en tijdens de daarop volgende faseovergangen en bij het afsluiten van het project geactualiseerd door de projectmanager. De benefitsmanagementaanpak is echter in principe een afzonderlijk document en geen onderdeel van de projectinitiatiedocumentatie.

De seniorgebruiker is verantwoordelijk voor het specificeren van de benefits en moet naar de opdrachtgever zeker stellen dat de voorziene benefits ook daadwerkelijk zullen worden gerealiseerd.

Na oplevering van het project moet de seniorgebruiker aan het bedrijfs- of programmamanagement of de klant aantonen dat de voorziene benefits ook daadwerkelijk zijn/worden gerealiseerd.

5.5 De inhoud van een business case

De business case omvat:
- **Samenvatting**;
- **Redenen**: waarom dit project nodig is en hoe het project de bedrijfsdoelen gaat ondersteunen;
- **Bedrijfsopties**: met in ieder geval de opties niets doen, veel doen, iets doen en het minimale doen (goud, zilver en brons). Alle opties moeten met de optie 'niets doen' worden vergeleken;
- **Verwachte benefits**: zowel de financiële als de niet-financiële benefits. Alle benefits moeten gekwantificeerd en meetbaar zijn, toegewezen zijn aan een eigenaar, direct

gerelateerd zijn aan de op te leveren producten en aansluiten op de bedijfsdoelen. Stel ook de eventuele benefitstoleranties vast;
- **Verwachte dis-benefits**: de uitkomsten die door één of meer belanghebbenden als negatief worden ervaren, inclusief de extra kosten voor onderhoud en beheer.
- **Tijdschaal**: de totale tijdsduur van het project en de economische levensduur waarin de benefits dienen te worden terugverdiend;
- **Kosten**: de totale projectkosten, de kosten voor beheer en onderhoud van de op te leveren producten en de financieringsafspraken;
- **Risico's**: samenvatting van de belangrijkste risico's ten aanzien van de business case en het totale risiconiveau van het project;
- **Investeringsbeoordeling**: afweging tussen kosten, risico's en benefits.

5.6 Richtlijnen voor effectief business case management

Kleine projecten – In kleine projecten is er geen afzonderlijke business case maar is de business case onderdeel van één allesomvattend projectinitiatiedocument.

Agile projecten – In agile projecten worden producten incrementeel opgeleverd. Benefitsreviews worden daarom vrijwel altijd al tijdens het project uitgevoerd. In de business case worden vaak de beste, verwachte en minimale versies van de op te leveren producten opgenomen, gegeven de overeengekomen vaste prijs, tijd en kwaliteit.

Commerciële projecten – Een externe leverancier heeft zijn eigen business case, meestal direct gericht op de winst die moet worden gerealiseerd met de uitvoering van het project. De business case in een project is echter de business case van de klant.

Projecten in een programma – De business case van het project wordt afgeleid van de business case van het programma. Maar let op: de business case van het project moet wel worden vastgelegd.

De benefitsmanagementaanpak van het project kan worden opgesteld en onderhouden door het programmamanagement. De benefitsreviews van het project kunnen worden opgenomen in de benefitsreviews van het programma.

5.7 Technieken investeringsbeoordeling

Veel toegepaste technieken voor investeringsbeoordelingen zijn:
- Return on investment (ROI): winst als percentage van de initiële investering;

- Netto contante waarde: contante toekomstige kasstromen verminderd met de initiële investering;
- Break-even-punt: aantal producten dat nodig is om de initiële investering terug te verdienen;
- Terugverdientijd: de periode die nodig is om de initiële investering terug te verdienen.

5.8 Verantwoordelijkheden thema business case

Voor de verantwoordelijkheden voor het thema business case, zie tabel 5.1.

Tabel 5.1 Rollen en verantwoordelijkheden voor het thema business case

Bedrijfs- of programmamanagement of de klant	Projectmanager
• Levert het mandaat en stelt de standaard vast voor de ontwikkeling van de business case (BC) • Houdt seniorgebruiker verantwoordelijk voor oplevering van de benefits • Verantwoordelijk voor het houden van de benefits review **Opdrachtgever** • Eigenaar van business case tijdens het project • Keurt de benefitsmanagementaanpak goed • Verzekert aansluiting project op bedrijfsstrategie • Verantwoordelijk voor het overdragen van de verantwoordelijkheid voor de post-project benefits reviews aan het bedrijfs- of programmamanagement of de klant **Seniorgebruiker** • Specificeert de benefits zoals die in de BC worden opgenomen • Stelt zeker dat de gewenste uitkomst is gespecificeerd • Stelt zeker dat project producten oplevert die het realiseren van die uitkomst mogelijk maken • Stelt zeker dat verwachte benefits worden gerealiseerd • Voorziet benefitsreviews van een opgave van gerealiseerde en voorziene benefits **Seniorleverancier** • Keurt de BC van de leverancier goed (indien van toepassing) • Bevestigt dat de benodigde producten binnen de geplande tijd en kosten kunnen worden gerealiseerd	• Stelt de BC op namens de opdrachtgever • Voert impactanalyses uit op issues en risico's die invloed kunnen hebben op de levensvatbaarheid van het project • Beoordeelt en actualiseert de BC aan het eind van elke managementfase • Beoordeelt en rapporteert over projectresultaten bij de projectafsluiting **Projectborging** • Assisteert bij de ontwikkeling van de BC • Verzekert constante beoordeling levensvatbaarheid van de BC • Bewaakt veranderingen in het projectplan ten aanzien van de impact op de BC • Verifieert en bewaakt de BC m.b.t. issues en voortgang • Bewaakt dat de toegevoegde waarde van oplossingen wordt beoordeeld • Bewaakt projectfinanciën voor de klant • Stelt zeker dat het project aansluit op bedrijfs- en programmastrategie • Verifieert en bewaakt of de benefitsmanagementaanpak in lijn ligt met het bedrijfs- en programmamanagement of de klant **Projectsupport** • Houdt de BC onder wijzigingsbeheer • Adviseert PM over wijzigingen die gevolgen kunnen hebben voor de BC

Hoofdstuk 6
Organisatie

6.1 Doel

Het doel van het thema organisatie is om de rollen en verantwoordelijkheden in een project te definiëren en in te richten.

Een succesvol projectmanagementteam dient:
- Een bedrijfs-, gebruikers- en leveranciersvertegenwoordiging te hebben;
- Passende besturing zeker te stellen door het definiëren van rollen, verantwoordelijkheden en bevoegdheden voor het aansturen, managen en het opleveren van het project;
- Een effectieve aanpak te hebben om belanghebbenden bij het project te betrekken;
- Projectrollen te beoordelen tijdens de gehele projectduur om de effectiviteit van het team gedurende het gehele project zeker te stellen.

6.2 Definities

Volgens PRINCE2 heeft een project altijd drie primaire categorieën van belanghebbenden, namelijk het bedrijf, de gebruikers en de leveranciers en moet een project om succesvol te zijn altijd aan de belangen van deze drie categorieën voldoen. Om dit te realiseren, is het nodig dat het bedrijf, de gebruikers en de leveranciers alle drie op het hoogste managementniveau in het project vertegenwoordigd zijn, zie figuur 6.1:

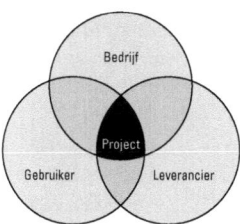

Figuur 6.1 De drie projectbelangen (bron: AXELOS Ltd.)

- **Het bedrijf** – degenen die de investering in het project moeten rechtvaardigen. Het project moet voor hen waarde opleveren;

- **De gebruikers** – degenen die de op te leveren resultaten van het project gaan gebruiken, bedienen, onderhouden of faciliteren, of die te maken krijgen met de op te leveren resultaten;
- **De leveranciers** – degenen die de benodigde mensen en middelen moeten leveren om het projectproduct te realiseren.

6.3 Organisatieniveaus

De projectmanagementstructuur omvat vier lagen, waarvan drie binnen het project en één buiten het project, namelijk het bedrijfs- of programmamanagement of de klant. De drie managementlagen binnen het project vormen samen het projectmanagementteam, zie figuur 6.2:

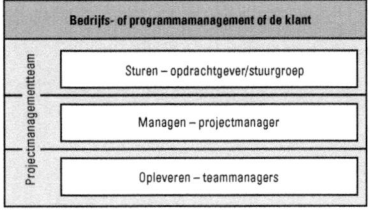

Figuur 6.2 Managementniveaus (bron: AXELOS Ltd.)

- **Bedrijfs- of programmamanagement of de klant** – Dit niveau is verantwoordelijk voor het geven van de opdracht tot het uitvoeren van het project, het geven van algemene sturing aan het project binnen de bedrijfs- en programmastrategie en het realiseren van de voorziene benefits van de op te leveren producten van het project;
- **Sturen** – De stuurgroep is verantwoordelijk voor de algemene aansturing van het project binnen de voorwaarden die door het bedrijfs- of programmamanagement of de klant zijn gesteld;
- **Managen** – De projectmanager is verantwoordelijk voor de dagelijkse leiding van het project binnen de voorwaarden die met de stuurgroep zijn overeengekomen;
- **Opleveren** – De teammanagers zijn verantwoordelijk voor de dagelijkse leiding van de individuele werkpakketten en voor het realiseren van de op te leveren producten binnen de doelstellingen die met de projectmanager zijn overeengekomen.

De projectorganisatie bestaat uit de eerste drie managementlagen en teamleden. De teamleden zijn verantwoordelijk voor de daadwerkelijke realisatie van de producten in het project.

6.4 PRINCE2 voorwaarden thema organisatie

Een PRINCE2-project moet minimaal:
- De organisatiestructuur en de bijbehorende rollen vastleggen in de PID en onderhouden;
- De wijzigingsautoriteit definiëren en onderhouden;
- De communicatiemanagementaanpak definiëren en onderhouden.

Het doel van de communicatiemanagementaanpak is het beschrijven van de middelen en frequentie van communicatie met de belanghebbenden om de betrokkenheid van deze belanghebbenden bij het project te versterken.

De organisatiestructuur, de rollen, de regels voor het delegeren van de wijzigingsbevoegdheid en de communicatiemanagementaanpak moeten allemaal worden vastgelegd in de projectinitiatiedocumentatie (PID).

6.5 Projectmanagementteam

Het projectmanagementteam bestaat uit de stuurgroep, de projectmanager, de teammanager(s), de projectborging, de wijzigingsautoriteit en de projectsupport, zie figuur 6.3:

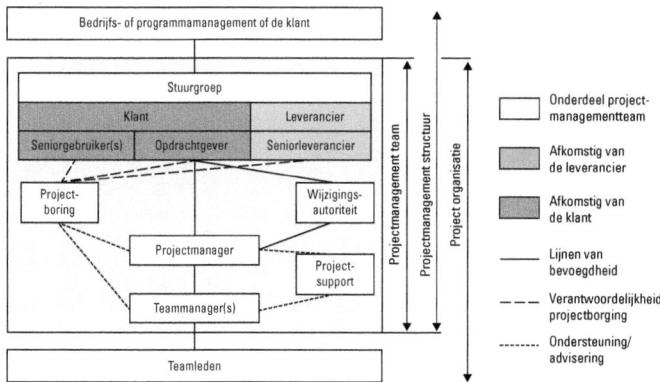

Figuur 6.3 Projectmanagementteam (gebaseerd op: AXELOS PRINCE2 materiaal)

Stuurgroep – het hoogste managementniveau van het project. De stuurgroep bevat de rollen opdrachtgever, seniorgebruiker en seniorleverancier. De stuurgroep is verantwoordelijk voor:

- Het succes van het project;
- Gezamenlijke aansturing van het project;
- Delegeren van de dagelijkse leiding aan de projectmanager;
- Faciliteren van de integratie met de functionele eenheden;
- Financiering en het beschikbaar stellen van de benodigde mensen en middelen;
- Zorgen voor een effectief besluitvormingsproces;
- Zorgen voor zichtbare support van de projectmanager;
- Zeker stellen van effectieve communicatie naar alle belanghebbenden.

Een goede stuurgroep heeft autoriteit, is geloofwaardig, heeft het vermogen om te delegeren en is beschikbaar.

Opdrachtgever – is voorzitter van de stuurgroep en draagt binnen de stuurgroep de eindverantwoordelijkheid voor het succes van het project en neemt binnen de stuurgroep de uiteindelijke beslissingen. In dat opzicht is de stuurgroep geen democratische eenheid, maar een managementplatform voor besluitvorming. De opdrachtgever is vanuit het klantperspectief verantwoordelijk voor de voortdurende levensvatbaarheid van het project. In een project is er maar één opdrachtgever.

Seniorgebruiker – vertegenwoordigt de belangen van de gebruikers in de stuurgroep. Hierbinnen is de seniorgebruiker verantwoordelijk voor het specificeren van de behoeften van de gebruikers, het beoordelen van de projectproducten vanuit het perspectief van de gebruikers, het beschikbaar stellen van de gebruikerscapaciteit en het communiceren over het project met andere gebruikersvertegenwoordigers. De seniorgebruiker is ook verantwoordelijk voor het specificeren van de benefits en draagt de verantwoordelijkheid om aan het bedrijfs- of programmamanagement of de klant aan te tonen dat de benefits ook daadwerkelijk worden gerealiseerd. Deze rol kan door meer dan één persoon worden vervuld.

Seniorleverancier – vertegenwoordigt de belangen van de leveranciers in de stuurgroep. De seniorleverancier is ervoor verantwoordelijk dat de overeengekomen producten conform de afspraken worden opgeleverd. Hierbinnen is hij verantwoordelijk voor het beschikbaar stellen van de benodigde mensen en middelen en voor het zeker stellen dat de voorstellen voor ontwerp en realisatie uitvoerbaar en realistisch zijn. Deze rol kan door meer dan één persoon worden vervuld.

Projectborging – is de afgeleide verantwoordelijkheid van de stuurgroep. De projectborging ziet er op toe, dat het project ook volgens de afspraken wordt uitgevoerd en dat de belangen van de individuele leden van de stuurgroep worden geborgd. Voor zowel de opdrachtgever, de seniorgebruiker als de seniorleverancier kan afzonderlijk de rol van projectborging worden ingevuld.

De stuurgroep dient de belangen van alle belanghebbenden te vertegenwoordigen. Dat kan er toe leiden dat meerdere seniorgebruikers en seniorleveranciers in een stuurgroep zouden moeten worden benoemd. Om een onwerkbare situatie te voorkomen, is het gebruikelijk aparte gebruikers- en leveranciersoverleggen in te richten, die ieder voor zich binnen de stuurgroep door een enkele persoon worden vertegenwoordigd, zie figuur 6.4.

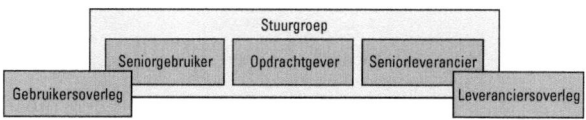

Figuur 6.4 Mogelijke structuur die gebruikmaakt van gebruikers- en leveranciersgroepen

Wijzigingsautoriteit – is ook een gedelegeerde verantwoordelijkheid van de stuurgroep. De wijzigingsautoriteit is de persoon of groep aan wie de stuurgroep de verantwoordelijkheid voor het behandelen van wijzigingsverzoeken en afwijking van de specificatie kan delegeren.

Projectmanager – is namens de stuurgroep verantwoordelijk voor het dagelijkse management van het project. Hierbinnen is de projectmanager verantwoordelijk voor de planning van de werkzaamheden, het autoriseren van de werkpakketten, het bewaken van de voortgang en het nemen van corrigerende maatregelen als dat nodig is. Als wordt voorzien dat de afgesproken toleranties worden overschreden, dan moet de projectmanager escaleren naar de stuurgroep voor besluitvorming. De projectmanager moet afstemmen met de projectborging. In een project is er maar één projectmanager.

Teammanager – is verantwoordelijk voor het realiseren van de op te leveren producten die hij met de projectmanager is overeengekomen. De teammanager rapporteert aan de projectmanager. De verantwoordelijkheid van de teammanager naar de projectmanager is een afgeleide verantwoordelijkheid van de verantwoordelijkheid van de seniorleverancier naar de opdrachtgever. In veel projecten is er meer dan één teammanager.

Projectsupport – is de gedelegeerde verantwoordelijkheid van de projectmanager. Projectsupport biedt zowel administratieve als specialistische diensten zoals planning en budgetbeheersing. Projectsupport is meestal ook verantwoordelijk voor het beheer van de configuratie-items en het actualiseren van de risico-, issue- en kwaliteitsregisters.

PRINCE2 maakt het mogelijk projectrollen te combineren met de beperking dat:
- De rol van opdrachtgever en projectmanager niet kunnen worden gecombineerd;
- Er slechts één opdrachtgever en één projectmanager is;
- De rol van projectborging niet kan worden gedelegeerd aan de projectmanager, de projectondersteuning of aan één van de teammanagers.

6.6 Communicatiemanagementaanpak

De communicatiemanagementaanpak bevat de beschrijving van de wijze waarop en de frequentie waarmee met de interne en externe belanghebbenden van het project wordt gecommuniceerd. De aanpak wordt ontwikkeld in het proces initiëren van een project en wordt tijdens de faseovergangen geactualiseerd.

De projectmanager is verantwoordelijk voor het opstellen en actualiseren van de aanpak. De opdrachtgever is verantwoordelijk voor de effectiviteit van de aanpak. De daadwerkelijke communicatieactiviteiten worden opgenomen in de respectievelijke plannen en worden door de projectmanager bewaakt.

6.7 Richtlijnen voor een effectieve organisatie

Kleine projecten – Rollen kunnen, onder restrictie, gecombineerd worden maar niet vervallen. Afzonderlijke teammanagers, projectborging en projectsupport zijn mogelijk niet nodig. Aangezien de opdrachtgever en de seniorgebruiker beiden uit de klantomgeving komen, kunnen deze rollen soms worden gecombineerd.

Agile projecten – In agile projecten heeft de teammanager een faciliterende rol (Scrum master). De wijzigingsautoriteit wordt ingevuld door de producteigenaar (product owner).

Commerciële projecten – In commerciële projecten heeft de leverancier soms een eigen stuurgroep. De seniorleverancier is meestal de accountmanager van de externe leverancier. Wanneer de externe leverancier nog niet is gecontracteerd, kan het hoofd van de inkoopafdeling tijdelijk de rol van seniorleverancier vervullen.

Projecten in een programma – In een programma kan een business change manager de rol van seniorgebruiker invullen en kan de programmamanager de rol van projectopdrachtgever invullen.

Hoofdstuk 7
Kwaliteit

7.1 Doel

Het doel van het thema kwaliteit is om de middelen te definiëren en te implementeren, waarmee het project kan zeker stellen dat de project producten 'fit for purpose' zijn.

Het thema kwaliteit beschrijft de aanpak vanuit PRINCE2 om zeker te stellen, dat de op te leveren producten voldoen aan de kwaliteitsverwachtingen van de klant, zodat de voorziene benefits kunnen worden gerealiseerd.

Kwaliteit is binnen PRINCE2 productgericht en heeft betrekking op zowel de specialisten- als managementproducten. Het vastleggen en toepassen van leerpunten versterkt de aanpak van de kwaliteit, omdat het een middel is om een continue kwaliteitsverbetering te realiseren.

7.2 Definities

Kwaliteit – de mate waarin de kenmerken van een product of proces voldoet aan eisen, behoeften en verwachtingen die kenbaar gemaakt, vanzelfsprekend of dwingend voorgeschreven zijn.

Kwaliteitsverwachting van de klant – de verwachting van de klant over de kenmerken van het projectproduct, vastgelegd in de projectproductbeschrijving.

Acceptatiecriteria – een geprioriteerde lijst van meetbare criteria waar het projectproduct aan moet voldoen, wil de klant het projectproduct accepteren.

Productbeschrijving – de beschrijving van het doel, de samenstelling, de herkomst en de kwaliteitscriteria van een product, hoe en door wie deze criteria zullen worden beoordeeld en wie uiteindelijk het product dient goed te keuren.

Projectproductbeschrijving – de productbeschrijving van het projectproduct. Dit wordt gebruikt om overeenstemming te bereiken met de gebruikers over de omvang, kwaliteitsverwachtingen en acceptatiecriteria voor het projectproduct.

7.3 PRINCE2 voorwaarden thema kwaliteit

Een PRINCE2-project moet minimaal:
- De kwaliteitsmanagementaanpak definiëren en onderhouden;
- De kwaliteitsverwachtingen van de klant en de geprioriteerde acceptatiecriteria in de projectproductbeschrijving specificeren;
- De kwaliteitscriteria voor producten in hun productbeschrijvingen specificeren;
- Een vorm van een kwaliteitsregister opstarten en onderhouden;
- Leerpunten gebruiken om de kwaliteitsprocessen te verbeteren.

7.4 Doel kwaliteitsmanagementproducten

Kwaliteitsmanagementaanpak – Het doel van de kwaliteitsmanagementaanpak is het beschrijven hoe de kwaliteit in het project zal worden beheerst. Deze aanpak moet minimaal omvatten de aanpak van de kwaliteitscontrole en projectborging in het project, hoe kwaliteitsmanagement wordt gecommuniceerd tijdens de gehele levensduur van het project en de rollen en de verantwoordelijkheden voor kwaliteitsmanagement.

Kwaliteitsregister – Het doel van het kwaliteitsregister is om een overzicht te bieden van alle kwaliteitsactiviteiten die gepland zijn of hebben plaatsgevonden inclusief de bijbehorende kwaliteitsverantwoordelijkheden, kwaliteitsresultaten en de verwijzingen naar de respectieve kwaliteitsregistraties.

7.5 Kwaliteitsmanagement

Kwaliteitsmanagement is het geheel van gecoördineerde activiteiten om een organisatie te sturen en te beheersen ten aanzien van kwaliteit. Een kwaliteitsmanagementsysteem is de complete set van kwaliteitsstandaarden, -procedures en verantwoordelijkheden voor een locatie of organisatie.

Locaties en organisaties worden binnen PRINCE2 gedefinieerd als de (semi)permanente organisaties die de projectwerkzaamheden sponsoren, met andere woorden: ze behoren niet tot de tijdelijke projectorganisatie.

De kwaliteitsmanagementaanpak in een project wordt afgeleid van het kwaliteitsmanagementsysteem van de betreffende klant- en leveranciersorganisaties.

Kwaliteitsplanning – is het aspect van kwaliteitsmanagement gericht op het bepalen van de kwaliteitsdoelstellingen en het specificeren van de noodzakelijke operationele processen en middelen om aan deze kwaliteitsdoelstellingen te voldoen. Kwaliteitsplanning gaat over het definiëren van de te realiseren producten met de bijbehorende productbeschrijvingen.

Kwaliteitsbeheersing – is het aspect van kwaliteitsmanagement gericht op het controleren van alle op te leveren producten om te bepalen of ze voldoen aan de relevante normen en de overeengekomen kwaliteitscriteria en het identificeren van manieren om oorzaken van onvoldoende prestaties te elimineren.

Kwaliteitsborging – is het aspect van kwaliteitsmanagement dat erop is gericht vertrouwen te bieden dat aan kwaliteitsvereisten zal worden voldaan. Kwaliteitsborging bestaat uit het opzetten, bewaken en onderhouden van het kwaliteitsmanagementsysteem in overeenstemming met de bedrijfs-, programma- of klantstandaarden.

Kwaliteitsborging is onafhankelijk van het project. Het verzekeren van de kwaliteit binnen het project conform PRINCE2 is onderdeel van de projectborging.

Project- en kwaliteitsborging zijn volgens PRINCE2 daarom gekoppelde maar onafhankelijke verantwoordelijkheden, zie tabel 7.1.

Tabel 7.1 Relatie project- en kwaliteitsborging conform PRINCE2

Projectborging	Kwaliteitsborging
Zeker stellen aan de belanghebbenden dat het project op een juiste wijze wordt uitgevoerd conform de overeengekomen plannen en standaards.	Zeker stellen dat bedrijfs- en projectactiviteiten op een juiste wijze wordt uitgevoerd conform de relevante bedrijfs-, programma- en bedrijfsstandaarden
Onafhankelijk van de projectmanager en het projectteam	Onafhankelijk van de projectmanager en het projectteam
Verantwoordelijkheid van de stuurgroep	Verantwoordelijkheid van het bedrijfs- of programmamanagement of de klant
Kwaliteitsborging vanuit het bedrijfs- of programmamanagement of de klant kan worden ingezet als onderdeel van de projectborging	Een goede projectborging kan zeker stellen dat het project opereert conform de relevante bedrijfs- of programmastandaarden en -beleidsuitgangspunten

7.6 PRINCE2 aanpak thema kwaliteit

In kwaliteitsplanning onderscheiden we de volgende stappen:
- De kwaliteitsverwachtingen van de klant worden voor het eerst vastgelegd in het projectmandaat.

- In het proces opstarten van een project worden de kwaliteitsverwachtingen van de klant en de bijbehorende acceptatiecriteria vastgelegd in de projectproductbeschrijving als onderdeel van de projectopdracht.
- In het proces initiëren van een project wordt het projectplan opgesteld met de productomschrijvingen van de belangrijkste producten. Ook de projectproductbeschrijving wordt bijgewerkt, de kwaliteitsmanagementaanpak wordt gedefinieerd en het kwaliteitsregister wordt ingericht.
- In het proces managen van een faseovergang wordt het faseplan opgesteld met de productbeschrijvingen van de afzonderlijke producten. Na goedkeuring van het faseplan worden de geplande kwaliteitscontroles vastgelegd in het kwaliteitsregister.

Bij elke volgende stap in het project worden de criteria nader gespecificeerd, juist voldoende om de respectievelijke plannen op te stellen. Met deze aanpak kunnen projecten snel van start gaan en is er meer vrijheid om zich aan te passen.

Tijdens het proces managen productoplevering initieert de teammanager de kwaliteitscontroleactiviteiten voor de te leveren producten. Deze activiteiten zijn gebaseerd op de kwaliteitseisen die zijn beschreven in de productbeschrijvingen. De resultaten van deze kwaliteitsactiviteiten worden vastgelegd in het kwaliteitsregister. De kwaliteitsrapporten worden opgeslagen in de kwaliteitsdossiers.

Als de producten voldoen aan de kwaliteitseisen kunnen de producten worden goedgekeurd. Dit gebeurt meestal door de seniorgebruiker. Dit kan formeel worden vastgelegd in een document maar of gewoon per e-mail. Deze goedkeuringsrecords moeten ook worden opgeslagen in de kwaliteitsdossiers.

Bij de afsluiting van het project wordt het projectproduct beoordeeld en uiteindelijk geaccepteerd door de eindgebruikers en door beheer en onderhoud. Deze acceptatierecords zullen ook moeten worden opgeslagen en overgedragen aan het bedrijfs- of programmamanagement of de klant als onderdeel van de oplevering.

7.7 Richtlijnen voor effectief kwaliteitsmanagement

Kleine projecten – Zelfs in kleine projecten moet vooraf worden afgesproken aan welke criteria de op te leveren producten moeten voldoen. In kleine projecten is vaak een projectproductbeschrijving voldoende en hoeven geen productbeschrijvingen van de afzonderlijke producten te worden opgesteld.

Agile projecten – In agile projecten worden functies beschreven in 'user stories'. Per user story worden acceptatiecriteria gedefinieerd. Gebruikerstests worden uitgevoerd aan het einde van elke timebox. De resultaten van deze gebruikerstests kunnen worden gedocumenteerd in een soort timebox reviewrecord.

Commerciële projecten – In commerciële projecten maken kwaliteitscriteria deel uit van het contract tussen klant en leverancier. Leverancierstesten moeten worden onderscheiden van gebruikerstesten.

Projecten in een programma – Een programma richt zich voornamelijk op de proceskwaliteit. De projectkwaliteitsmanagementaanpak wordt vaak bepaald door het programmamanagement.

7.8 Kwaliteitsreviewtechniek

De kwaliteitsreviewtechniek is een techniek om te beoordelen of een document of iets soortgelijks (bijv. moodboard) voldoet aan de overeengekomen kwaliteitscriteria.

De doelstellingen van een kwaliteitsreview zijn:
- Beoordelen of het product voldoet aan de gestelde kwaliteitscriteria;
- Bevestigen dat het product compleet is en kan worden goedgekeurd.

Een kwaliteitsreview vormt de basis voor toekomstig wijzigingenbeheer en stimuleert een bredere acceptatie van het product bij de betrokkenen.

Kwaliteitsreviews versterken de betrokkenheid van de belanghebbenden, het leiderschap, de teambuilding, de ontwikkeling van individuen en een kwaliteitscultuur in het project.

Een kwaliteitsreview onderscheidt vier rollen:
- **Voorzitter** – is verantwoordelijk voor het algemene verloop van de review;
- **Presentator** – presenteert het te beoordelen product;
- **Beoordelaars** – reviewen het product;
- **Notulist** – legt de resultaten en de overeengekomen acties vast.

Ter voorbereiding van de beoordeling ontvangen de beoordelaars van de presentator het betreffende document en de bijbehorende productbeschrijving. Kleine fouten worden in het origineel geannoteerd en teruggestuurd naar de presentator voor correctie. Aandachtspunten worden ter agendering toegestuurd aan de presentator en de voorzitter.

Op basis van de review wordt het product goedgekeurd, (gedeeltelijk) afgekeurd of kunnen deelnemers constateren dat ze het met elkaar oneens zijn (we agree to disagree). Ook kunnen wijzigingsverzoeken worden geïnitieerd. Geschillen en wijzigingsverzoeken worden door de voorzitter doorgestuurd naar de projectmanager voor follow-up.

7.9 Verantwoordelijkheden thema kwaliteit

Voor de verantwoordelijkheden voor het thema kwaliteit, zie tabel 7.2.

Tabel 7.2 Rollen en verantwoordelijkheden voor het thema kwaliteit

Bedrijf/Programmamanagement of de klant	Projectmanager (PM)
• Verstrekken kwaliteitsmanagementsysteem • Beschikbaar stellen kwaliteitsborging **Opdrachtgever** • Goedkeuren projectproductbeschrijving • Goedkeuren kwaliteitsmanagementaanpak • Bevestigen acceptatie projectproduct **Seniorgebruiker** • Leveren kwaliteitsverwachting van de klant • Leveren acceptatiecriteria • Bevestigen projectproductbeschrijving • Bevestigen kwaliteitsmanagementaanpak • Goedkeuren productbeschrijving voor de (belangrijkste) gebruikersproducten • Leveren gebruikerscapaciteit voor kwaliteitsactiviteiten • Communiceren naar belanghebbenden/gebruikers • Accepteren van het projectproduct **Seniorleverancier** • Goedkeuren projectproductbeschrijving • Goedkeuren kwaliteitsmanagementaanpak • Goedkeuren kwaliteitsmethoden/technieken • Goedkeuren productbeschrijvingen voor de (belangrijkste) specialistenproducten • Leveren leverancierscapaciteit voor kwaliteitsactiviteiten • Communiceren naar de verschillende leveranciers	• Documenteren kwaliteitsverwachtingen en acceptatiecriteria • Opstellen projectproductbeschrijving • Opstellen kwaliteitsmanagementaanpak • Opstellen en onderhouden productbeschrijvingen • Zekerstellen implementatie door de TM van de overeengekomen kwaliteitsbeheersmaatregelen **Teammanager (TM)** • Implementeren kwaliteitsbeheersmaatregelen • Produceren producten overeenkomstig de productbeschrijvingen • Managen kwaliteitsbeheer voor de werkpakketproducten • Samenstellen kwaliteitsbestanden • Adviseren PM over status productkwaliteit **Projectborging** • Adviseren stuurgroep en PM over kwaliteitsmanagementaanpak • Assisteren stuurgroep en PM bij review productbeschrijvingen • Adviseren PM over geschikte kwaliteitsbeoordelaars • Zekerstellen implementatie van strategieën **Projectsupport** • Leveren administratieve ondersteuning kwaliteitsbeheer • Onderhouden kwaliteitsregister en -bestanden • Assisteren bij kwaliteitsprocessen

Hoofdstuk 8
Plannen

8.1 Doel

Het doel van het thema plannen is om de uitvoering, beheersing en communicatie van een project te bevorderen door te definiëren hoe producten het beste kunnen worden opgeleverd (wie, wat, waar, wanneer, waarom en hoe).

8.2 Definities

Een plan is een document dat beschrijft hoe, wanneer en door wie een specifieke doelstelling of doelstellingen kunnen worden bereikt. Plannen is de handeling of het proces van het maken en onderhouden van een plan.

PRINCE2 kent drie planniveaus om te voldoen aan de behoeften van de verschillende managementniveaus in een project, zie figuur 8.1:
- Projectplan;
- Faseplan;
- Teamplan.

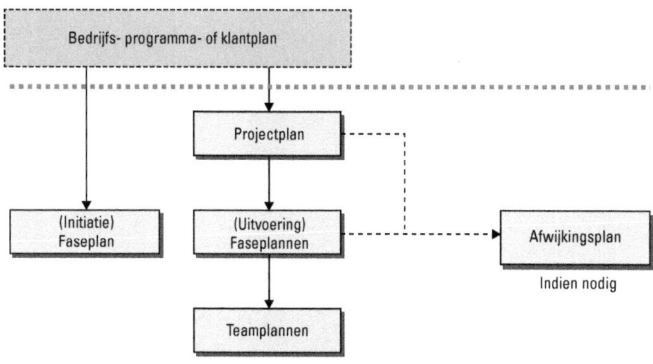

Figuur 8.1 Planningniveaus PRINCE2 (bron: AXELOS Ltd.)

Er is een projectplan voor de besturing van het project als geheel. Er zijn faseplannen voor de initiatiefase en de onderscheidende uitvoeringsfasen. Het afwijkingsplan beschrijft wat nodig is om de effecten van een (dreigende) overschrijding van de toleranties te corrigeren. Tenslotte kent PRINCE2 teamplannen voor het plannen van de werkzaamheden in de afzonderlijke werkpakketten. Het bedrijfs- of programmaplan is geen plan binnen de projectcontext.

Projectplan – wordt door de stuurgroep als een baseline gebruikt waarmee de voortgang van het project fase voor fase wordt bewaakt. Het projectplan dient aan te sluiten op het bedrijfs-, programma- of klantplan. Het projectplan identificeert de mijlpalen en managementfasen van het project en definieert de geplande project- kosten en tijdsplanning voor de business case. Het projectplan wordt door de projectmanager in de initiatiefase opgesteld en aan het eind van elke managementfase geactualiseerd. Het projectplan moet door de stuurgroep worden goedgekeurd.

Faseplan – is voor elke managementfase vereist. In samenstelling lijkt het faseplan op het projectplan. Het faseplan is de basis voor de dagelijkse beheersing van die fase door de projectmanager. Het faseplan voor de volgende fase wordt tegen het eind van de lopende fase gemaakt. Voor projecten met maar één uitvoeringsfase kan het faseplan voor de uitvoering in het projectplan worden opgenomen. Het faseplan wordt door de projectmanager opgesteld en geactualiseerd en wordt door de stuurgroep goedgekeurd.

Teamplan – is optioneel. Als het vereist is, wordt het tijdens de ontwikkeling van het bovenliggende faseplan of tijdens het aannemen van het werkpakket opgesteld. Het teamplan wordt door de teammanager opgesteld en geactualiseerd en wordt door de projectmanager goedgekeurd. PRINCE2 beschrijft niet de indeling van een teamplan, omdat deze sterk kan variëren afhankelijk van de leverancier en het type project. Bij externe leveranciers bevat het gepresenteerde teamplan vaak alleen die details die nodig zijn voor de projectmanager om de voortgang van de uitvoering van het werkpakket te kunnen controleren De seniorleverancier is eindverantwoordelijk voor het teamplan.

Afwijkingsplan – vervangt het plan waarvan de toleranties (dreigen te) worden overschreden. De indeling van het afwijkingsplan is gelijk aan het plan dat het vervangt. Het afwijkingsplan bestrijkt de resterende periode van het plan dat het vervangt en wordt door het naast hogere managementniveau goedgekeurd.

8.3 PRINCE2 voorwaarden thema plannen

Een PRINCE2-project moet minimaal:
- Ervoor zorgen dat met de plannen de business case kan worden gerealiseerd;
- Twee managementfasen bevatten (de initiatiefase en één uitvoeringsfase);
- Een projectplan voor het project als geheel en een faseplan voor elke managementfase bevatten;
- Afwijkingsplannen opstellen als fase- of projecttoleranties dreigen te worden overschreden;
- Gebruik maken van de PRINCE2-aanpak voor het definiëren en analyseren van producten voor het opstellen van de diverse plannen;
- De rollen en verantwoordelijkheden definiëren voor het maken van de plannen;
- Leerpunten gebruiken om het maken van plannen te verbeteren.

PRINCE2 vereist dat ten minste de volgende managementproducten worden opgesteld en onderhouden:
- Projectproductbeschrijving;
- Productbeschrijvingen voor de afzonderlijke producten;
- Productdecompositiestructuur;
- Plannen, zoals het projectplan, de faseplannen en de eventueel noodzakelijke afwijkingsplannen.

8.4 Managementfasen

Een managementfase is een tijdsperiode van een project die de projectmanager als één geheel managet in opdracht van de stuurgroep.

Het project bevat minstens twee managementfasen; de initiatiefase en de uitvoeringsfase. De uitvoeringsfase kan in meer dan één managementfase worden opgesplitst. In de initiatiefase wordt bepaald in hoeveel managementfasen de uitvoeringsfase wordt opgedeeld.

Opleveringsstappen zijn stappen in de uitvoering die worden gekenmerkt door de toepassing van een set van technieken of specialistische werkzaamheden.

Opleveringsstappen kunnen overlappen, managementfasen niet. Het aantal opleveringsstappen is normaliter groter dan het aantal managementfasen.

Het aantal managementfasen is afhankelijk van:
- Hoe ver in redelijkheid vooruit kan worden gepland;
- De go/no-go beslispunten in het project;
- De afstemming op de bedrijfs-, programma- of klantactiviteiten;
- Het risiconiveau in het project;
- De gewenste mate van beheersing (korte versus lange managementfasen);
- Het vertrouwen dat het project wordt voortgezet.

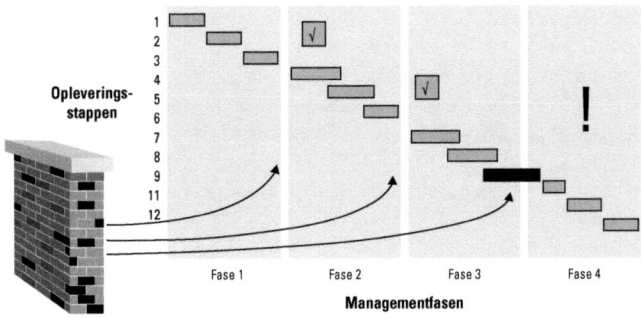

Figuur 8.2 Managementfasen en opleveringsstappen

Als een go/no-go beslissing moet worden genomen tijdens een opleveringsstap, dan moet de opleveringsstap worden opgesplitst in een deel vóór en een deel na het beslispunt, zodat vóór het beslismoment het tot dan toe afgeronde werk kan worden opgeleverd, zie figuur 8.2.

8.5 PRINCE2 aanpak thema plannen

De aanpak voor het opstellen van een plan volgens PRINCE2 is dat eerst de op te leveren producten moeten worden geïdentificeerd, voordat de benodigde activiteiten en de benodigde mensen en middelen kunnen worden vastgesteld. Dit staat bekend als productgerichte planning, zie figuur 8.3.

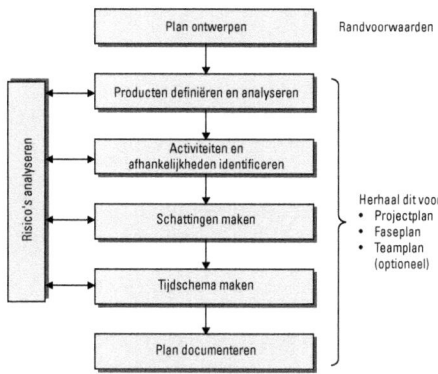

Figuur 8.3 Aanpak thema plannen (bron: AXELOS Ltd.)

Voordat plannen kunnen worden opgesteld, moet het aantal planniveaus en de indeling en de lay-out van de plannen worden overeengekomen en moet worden beslist welke planningsinstrumenten en schattings- en bewakingsmethoden voor het project zullen worden gebruikt. Als daarbij afgeweken wordt van bedrijfs-, programma- of klantstandaarden, dan moet dat worden vastgelegd.

Vervolgens moeten als eerste de benodigde en op te leveren producten worden gedefinieerd en geanalyseerd. Daarna kunnen de activiteiten en de afhankelijkheden tussen de activiteiten worden geïdentificeerd die nodig zijn om deze producten te produceren. Vervolgens kan op basis van de uit te voeren activiteiten en de afhankelijkheden schattingen worden gemaakt voor de benodigde kosten, tijd en capaciteit.

Gedurende dit gehele traject zullen mogelijke risico's moeten worden geïdentificeerd en geanalyseerd en moeten eventuele risicomaatregelen in het plan worden meegenomen. Ten slotte moeten alle gegevens worden samengevoegd en moet het plan worden gedocumenteerd.

8.6 PRINCE2-aanpak definiëren en analyseren producten

Het definiëren en analyseren van producten kan worden opgesplitst in vier stappen, zie figuur 8.4.

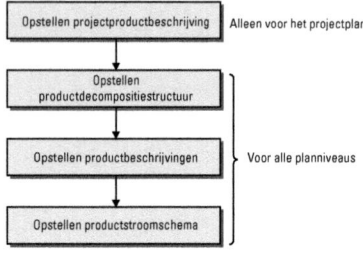

Figuur 8.4 PRINCE2-aanpak voor definiëren en analyseren producten (bron: AXELOS Ltd.)

Opstellen projectproductbeschrijving – Het projectproduct is het op te leveren eindresultaat. De projectproductbeschrijving beschrijft de belangrijkste producten die door het project moeten worden opgeleverd, de producten waarvan of waarmee het projectproduct moet worden gemaakt, de benodigde competenties om het projectproduct te realiseren, de kwaliteitsverwachtingen en acceptatiecriteria van de klant ten aanzien van het projectproduct, de projectkwaliteitstoleranties en de acceptatiemethoden en -verantwoordelijkheden.

De seniorgebruiker is verantwoordelijk voor het specificeren van het productproject. In de praktijk wordt de projectproductbeschrijving door de projectmanager opgesteld, in samenwerking met de opdrachtgever en seniorgebruiker.

Opstellen productdecompositiestructuur (PDS) – De PDS is een hiërarchische uitsplitsing van alle producten die in een plan moeten worden geproduceerd. In een PDS onderscheiden we interne producten, externe producten en productgroepen. Externe producten zijn producten die nodig zijn in het project maar al bestaan of worden geleverd door partijen buiten het projectteam. Productgroepen zijn geen producten op zichzelf, maar slechts een clustering van een specifieke groep producten. Externe producten en productgroepen moeten qua vorm en of kleur onderscheiden worden van de interne producten. Ook moet elk extern product een overeenkomstige vermelding in het risicoregister hebben.

Het kan van belang zijn om de tussenliggende stadia van een product als afzonderlijke producten te identificeren, met name wanneer de verantwoordelijkheid voor het creëren van de volgende stadia verschillen.

Opstellen productbeschrijving – Een productbeschrijving moet worden opgesteld voor alle geïdentificeerde producten. Een productbeschrijving wordt geschreven onmiddellijk nadat het product is geïdentificeerd en moet worden bevroren zodra het respectieve faseplan is goedgekeurd waarin het betreffende product moet worden gerealiseerd. Hoewel het project of de teammanager verantwoordelijk is voor het schrijven van de productbeschrijvingen, moeten gebruikers en materiedeskundigen hierbij worden betrokken. Een gedetailleerd programma van eisen kan als vervanging dienen voor de verschillende productbeschrijvingen. Het kan verstandig zijn om ook voor externe producten een productbeschrijving op te stellen.

Productstroomdiagram (PSD) – In een PSD wordt de volgorde vastgelegd waarin de verschillende producten worden ontwikkeld inclusief de onderlinge afhankelijkheden in de tijd. De PSD kan parallel met de productdecompositiestructuur worden opgesteld. Alle producten, met uitzondering van externe producten en het begin- en eindproduct, moeten invoer- en uitvoerrelaties hebben. Het is raadzaam om de PSD te starten vanuit één product of de PID. Het eindproduct is het projectproduct. Een PSD mag geen lussen bevatten. Externe producten moeten worden opgenomen, groepen niet.

Het is aan te raden om ook de managementbaselineproducten in de productdecompositiestructuur en het productstroomschema op te nemen.

8.7 Richtlijnen voor effectief plannen

Kleine projecten – Kleine projecten hebben meestal maar één uitvoeringsfase. Voor kleine projecten kan een beschrijving van het projectproduct voldoende zijn.

Agile projecten – Een managementfase kan één of meer releases/increments bevatten. Werkpakketten kunnen één of meer timeboxen (sprints) bevatten. De 'product backlog' vertoont overeenkomsten met de projectproductbeschrijving. De 'sprint backlog' vertoont overeenkomsten met de individuele productbeschrijvingen.

Commerciële projecten – In het projectplan moeten ook de belangrijkste inkoopbeslissingen worden opgenomen. Zowel de plannen van de klant als die van de leverancier kunnen vertrouwelijk zijn. Daarom kan het nuttig zijn om aparte versies van de plannen op te stellen om die te kunnen delen.

Projecten in een programma – Het aantal managementfasen in een project kan door het programma worden beïnvloed. Het ontwerp van de plannen kan door het programma worden voorgeschreven.

8.8 Verantwoordelijkheden thema plannen

Voor de verantwoordelijkheden voor het thema plannen, zie tabel 8.1.

Tabel 8.1 Rollen en verantwoordelijkheden voor het thema plannen

Bedrijfs- of programmamanagement of de klant	Projectmanager (PM)
• Leveren planningsstandaarden • Vastleggen projecttoleranties in het projectmandaat • Goedkeuren afwijkingsplannen project **Opdrachtgever** • Goedkeuren projectplan • Definiëren fasetoleranties • Goedkeuren faseplannen en faseafwijkingsplannen • Toewijzen capaciteit aan faseplannen **Seniorgebruiker** • Zekerstellen dat project- en faseplan vanuit gebruikersoogpunt consistent blijven • Toewijzen van gebruikerscapaciteit aan faseplannen **Seniorleverancier** • Zekerstellen dat project- en faseplan vanuit leveranciersoogpunt consistent blijven • Toewijzen van leverancierscapaciteit aan faseplannen **Projectborging** • Bewaken impact van wijzigingen projectplan op de business case • Bewaken fase- en projectvoortgang t.o.v. de afgesproken tolerantie	• Ontwikkelen project- en faseplannen • Ontwerpen managementfasen • Nemen van corrigerende maatregelen als toleranties werkpakketten dreigen te worden overschreden • Opstellen afwijkingsplannen **Teammanager (TM)** • Voorbereiden en actualiseren teamplannen • Maken teamplannen voor elk werkpakket • Escaleren naar PM als toleranties werkpakketten dreigen te worden overschreden **Projectsupport** • Assisteren met samenstelling van plannen • Leveren van expertise • Vastleggen en opslaan van plannen

Hoofdstuk 9
Risico

9.1 Doel

Het doel van het thema risico is om onzekerheden te identificeren, te beoordelen en te beheersen om daarmee het vermogen van een project om succesvol te zijn te verbeteren.

Risicomanagement dient gericht te zijn op een voortdurende proactieve identificatie, beoordeling en beheersing van risico's. Effectief risicomanagement is een eerste vereiste om de continue zakelijke rechtvaardiging van het project zeker te stellen.

9.2 Definities

Het is van belang om allereerst risico's en issues te onderscheiden:
- **Issue** – een relevante gebeurtenis die is opgetreden en niet was gepland en die de aandacht van het management vereist;
- **Risico** – een onzekere gebeurtenis die, wanneer deze plaatsvindt, consequenties heeft voor het realiseren van de doelstellingen van het project.

Risico's kunnen verder worden onderscheiden in bedreigingen en kansen:
- **Bedreiging** – een onzekere gebeurtenis die een negatieve impact heeft op de doelstellingen van het project.
- **Kans** – een onzekere gebeurtenis die een positieve impact heeft op de doelstellingen van het project.

Een risico kan tegelijkertijd zowel bedreigingen als kansen inhouden. Daarom moeten bedreigingen en kansen integraal als risico's worden gemanaged.

Risicomanagement is de systematische toepassing van de principes, de aanpak en de processen voor het identificeren en beoordelen van risico's, het vervolgens plannen en implementeren van risicomaatregelen en tenslotte het communiceren van de risicomanagementacties met de belanghebbenden.

9.3 PRINCE2 voorwaarden thema risico

Een PRINCE2-project moet minimaal:
- Een risicomanagementaanpak definiëren die ten minste aangeeft:
  - Hoe risico's gedurende het project worden geïdentificeerd en beheerst;
  - Hoe wordt bepaald of risico's een impact hebben op de business case;
  - De rollen en verantwoordelijkheden voor risicomanagement;
- Een vorm van een risicoregister hanteren en onderhouden;
- Leerpunten gebruiken om het risicomanagement te verbeteren.

9.4 PRINCE2 aanpak thema risico

Het doel van de belangrijkste risicomanagementproducten zijn:

Risicomanagementaanpak – beschrijft hoe risico's in het project worden beheerst. Dit omvat de specifieke processen, procedures, technieken, normen en verantwoordelijkheden die moeten worden toegepast.

Risicoregister – geeft een overzicht van alle geïdentificeerde risico's met betrekking tot het project, inclusief hun status en geschiedenis.

Een belangrijk item dat in de risicomanagementaanpak moet worden vastgelegd, is het risiconiveau dat voor de stuurgroep aanvaardbaar is (risicobereidheid). Dit bepaalt de risicotoleranties die moeten worden aangehouden in het project.

Tevens beschrijft het risicomanagementaanpak de categorieën van impact, waarschijnlijkheid en nabijheid die moeten worden gehanteerd inclusief de risicocategorieën, waarschuwingsindicatoren en het risicobudget voor het project.

De risicomanagementaanpak wordt opgesteld door de projectmanager en goedgekeurd door de opdrachtgever. Het risicoregister wordt opgesteld en onderhouden door de projectsupport namens de projectmanager.

9.5 Risicomanagementprocedures

De risicomanagementprocedure omvat de volgende vijf stappen, zie figuur 9.01.

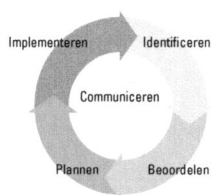

Figuur 9.1 Risicomanagementprocedure (bron: AXELOS Ltd.)

9.5.1 Identificeren

- **Identificeer context** – verzamel informatie over het project om de specifieke doelen van het project helder te krijgen en stel de risicomanagementstrategie op.
- **Identificeer risico's** – leg de individuele risico's vast die effect kunnen hebben op de projectdoelstellingen (projectrisico's) en de organisatiedoelen (business risico's).

Geef een duidelijke en ondubbelzinnige beschrijving van elk risico door de oorzaak ervan, het risico zelf (risicogebeurtenis) en het effect van het risico op de projectdoelstellingen en de bijbehorende organisatiedoelen te benoemen, zie figuur 9.2.

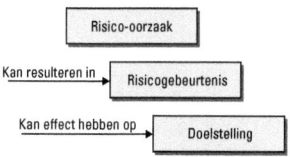

Figuur 9.2 Oorzaak, optreden en effect van een risico (bron: AXELOS Ltd.)

Stel waarschuwingsindicatoren vast om belangrijke aspecten van het project te bewaken. Verstrek informatie over mogelijke risico-oorzaken. Beoordeel de verschillende risicocategorieën. Begrijp hoe belanghebbenden aankijken tegen de specifieke risico's die zijn geïdentificeerd. Wijs voorlopige risico-eigenaren aan. Noteer de risico's en de kenmerken ervan in het risicoregister.

9.5.2. Beoordelen

Inschatten – schat de kans, de impact, de nabijheid en de risicocategorie in van de individuele risico's. Vaak worden individuele risicoprofielen gevisualiseerd in een gemeenschappelijk overzicht, zie figuur 9.3. Stel per risico de risico-eigenaar vast.

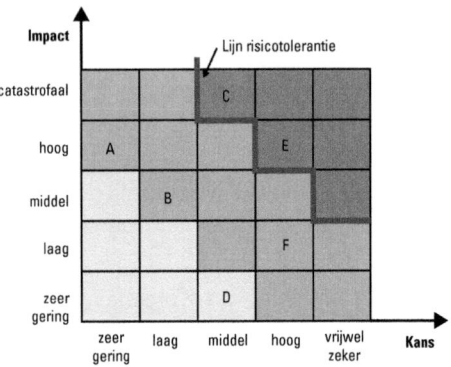

Figuur 9.3 Voorbeeld overzicht individuele risicoprofielen

De risicotolerantielijn geeft aan de grens waarboven de individuele risico's naar het naasthogere managementniveau moeten worden geëscaleerd.

Risico's die vrijwel zeker optreden moeten als issue worden behandeld (zie hoofdstuk 10 Wijzigingen).

Evalueer – beoordeel het totale effect van alle risico's op het project. Hierdoor kan worden beoordeeld of het geaggregeerde risiconiveau binnen de overeengekomen risicotolerantie valt en of er nog steeds een zakelijke rechtvaardiging is voor het uitvoeren van het project. Het geaggregeerde risiconiveau wordt vaak uitgedrukt in een verwachte geldwaarde (kans x € impact), zie tabel 9.1.

Tabel 9.1 Voorbeeld van verwachte geldwaarde

Risico	Kans	Impact	Verwachte waarde
A	30%	€ 50.000,-	€ 15.000,-
B	60%	€ 25.000,-	€ 15.000,-
C	20%	€ 100.000,-	€ 20.000,-
Totaal	**Verwachte geldwaarde**		€ 50.000,-

De verwachte geldwaarde is vaak de basis voor de vaststelling van het risicobudget. Het risicobudget is het budget wat beschikbaar wordt gesteld om de risicomaatregelen en de mogelijke impact van specifieke risico's te financieren.

9.5.3. Plannen

Identificeer en evalueer verschillende opties voor risicomaatregelen en hun mogelijke gevolgen voor het project, zie figuur 9.4:

Effect	Bedreigingen	Kansen
Hoog	Vermijden	Benutten
	Reduceren	Vergroten
	Overdragen	
	Delen	
	Calamiteitenplan opstellen	
Laag	Accepteren	

Figuur 9.4 Categorieën risicomaatregelen (gebaseerd op: AXELOS PRINCE2 materiaal)

- **Vermijden** – zorg ervoor dat de bedreiging niet meer bestaat;
- **Reduceren** – proactieve actie om kans of impact te verminderen;
- **Overdragen** – draag de verantwoordelijkheid over aan een derde;
- **Delen** – kom een bonus-malusregeling overeen met een derde;
- **Calamiteitenplan opstellen** – stel een plan op voor het nemen van maatregelen als de bedreiging optreedt of als de kans zich voordoet;
- **Accepteren** – een doelbewuste beslissing om alleen de dreiging of de kans in de gaten te houden en vooralsnog geen actie te ondernemen;
- **Benutten** – zorg ervoor dat de kans gegrepen wordt;
- **Vergroten** – neem een maatregel dat de waarschijnlijkheid en/of het mogelijke profijt van de kans die zich voordoet, wordt vergroot.

Als het calamiteitenplan inhoudt terug te keren naar de oorspronkelijke situatie, dan wordt dit ook wel een terugvalplan genoemd.

Bij het definiëren van de risicomaatregelen moet ook worden gekeken naar eventuele nieuwe risico's die door de risicomaatregelen ontstaan. Er moet altijd een balans worden gevonden tussen het inherente risico, het rest risico en het secundaire risico:
- **Inherente risico** – het oorspronkelijke risico zonder risicomaatregelen;
- **Restrisico** – het overblijvende risico na het nemen van risicomaatregelen;
- **Secundaire risico** – het risico welke ontstaat door het nemen van risicomaatregelen.

Na goedkeuring van de betreffende risicomaatregelen moeten de maatregelen in de betreffende uitvoeringsplannen worden ingebouwd.

9.5.4 Implementeren

- Zorg ervoor dat de rol en verantwoordelijkheden van de risico-eigenaren en risico-actiehouders op de juiste manier zijn toegewezen, zijn begrepen en zijn geaccepteerd;
- Zorg ervoor dat de geplande risicomaatregelen worden uitgevoerd;
- Ga na of de genomen risicomaatregelen effectief zijn;
- Neem correctieve maatregelen indien de genomen risicomaatregelen niet het gewenste effect hebben.

Risico-eigenaar – de persoon die verantwoordelijk is voor het management, het bewaken en beheersen van alle aspecten van een bepaald risico, waaronder ook het nemen van de risicomaatregelen. De risico-eigenaar rapporteert over het risico aan de projectmanager.

Risico-actiehouder – de persoon die is aangewezen om een specifieke risicomaatregel uit te voeren, als deze maatregel niet kan worden uitgevoerd door de risico-eigenaar. De risico-actiehouder rapporteert aan de risico-eigenaar.

9.5.5 Communiceren

Informeer in overeenstemming met de communicatiemanagementaanpak de verschillende leden van het projectmanagementteam en andere belanghebbenden over de genomen maatregelen en de status van de risico's. In elk rapport en tijdens iedere vergadering moeten de belangrijkste risico's worden besproken.

9.6 Richtlijnen voor effectief risicomanagement

Kleine projecten – In kleine projecten zal de projectmanager zelf de meeste risicomanagementactiviteiten uitvoeren. In grotere projecten kunnen deze activiteiten meestal voor een deel worden gedelegeerd aan projectsupport.

Agile projecten – In agile projecten is het risico op het leveren van ongewenste producten minimaal, maar het risico bestaat nog steeds dat de resultaten niet aansluiten bij de bedrijfsstrategie. Let op: het niet correct inrichten van agility in projecten kan op zich al risico's opleveren.

Commerciële projecten – In commerciële projecten kan er behoefte zijn aan meer dan één risicoregister en risicomanagementaanpak. Wanneer een samengesteld risicoregister wordt gebruikt, moet ervoor worden gezorgd dat de juiste risico-eigenaren worden aangewezen.

Projecten in een programma – De projectrisicomanagementaanpak kan worden afgeleid uit de risicomanagementaanpak van het programma. Het risicoregister van het project kan worden gekoppeld aan het risicoregister van het programma.

9.7 Verantwoordelijkheden thema risico

Voor de verantwoordelijkheden voor het thema risico, zie tabel 9.2.

Tabel 9.2 Rollen en verantwoordelijkheden voor het thema risico

Bedrijfs-, programmamanagement of de klant	Projectmanager (PM)
• Leveren risicomanagementbeleid • Leveren risicomanagementhandboek	• Opstellen risicomanagementaanpak • Opstellen en onderhouden risicoregister • Verantwoordelijk voor risicomanagement
Opdrachtgever • Eindverantwoordelijk risicomanagementaanpak • Verantwoordelijk voor bedrijfsrisico's • Escaleren risico naar bedrijfs-, programmamanagement van de klant	**Teammanager (TM)** • Participeren in identificeren, beoordelen en beheersen risico's **Projectborging** • Reviewen toepassing risicomanagement • Verzekeren aansluiting op bedrijfs-, programma- of klantstrategie
Projectstuurgroep • PM informeren over externe risico's • Beslissen over risico's	**Projectsupport** • Assisteren PM in onderhouden risicoregister
Seniorgebruiker • Verzekeren dat gebruikersaspecten van de risico's worden gemanaged	**Risico-eigenaar** • Managen van individuele risico's
Seniorleverancier • Verzekeren dat leveranciersaspecten van de risico's worden gemanaged	**Risico-actiehouder** • Uitvoeren risicomaatregelen

Hoofdstuk 10
Wijziging

10.1 Doel

Het doel van het thema wijziging is om iedere mogelijke en goedgekeurde wijziging ten opzichte van de projectbaselines te identificeren, te beoordelen en te beheersen.

Het doel van het beheersen van wijzigingen is niet om wijzigingen te voorkomen. Het is om ervoor te zorgen dat elk wijziging, voordat deze wordt doorgevoerd, door de verantwoordelijke instantie wordt goedgekeurd. Wijzigingen hebben een direct effect op productbeschrijvingen.

10.2 Definities

Configuratie –de samenstelling van het geheel van alle op te leveren producten in een project; bijvoorbeeld bij het ontwikkelen van een nieuwe auto het geheel van onderdelen en hoe deze op elkaar aansluiten.

Configuratie-item (CI) – een onderdeel van de configuratie waarvan de kenmerken en eigenschappen moeten worden beheerst; bij het ontwikkelen van een nieuwe auto bijvoorbeeld het oliefilter.

Configuratiemanagement (CM) – het beheer van alle configuratie-items, omvattende de technische en administratieve taken die nodig zijn om de configuratie-items te identificeren, te onderhouden en te beheersen.

Baseline – te onderscheiden in een baseline en een productbaseline:
- *Baseline* – de vastgestelde status van een entiteit is, op basis waarvan die entiteit wordt bewaakt en beheerst. Een goedgekeurd faseplan is zo'n baseline.
- *Product- of configuratiebaseline* – de vastgestelde status van een configuratie-item. Een goedgekeurde productbeschrijving en een goedgekeurd ontwerp van het betreffende oliefilter zijn voorbeelden van zo'n baseline.

Wijziging – te onderscheiden in een ruime en een enge definitie van een wijziging:
- *Ruime definitie* – een verandering van een baseline; bijvoorbeeld een aanpassing van het goedgekeurde faseplan;

- *Enge definitie* – een verandering van een productbaseline; bijvoorbeeld de verandering van een goedgekeurde ontwerp.

In de definities van wijzigingsautoriteit, wijzigingsbudget en wijzigingsvoorstel wordt wijziging in de enge definitie van het woord bedoeld.

Issue – een relevante maar ongeplande gebeurtenis die heeft plaatsgevonden en die managementaandacht vereist. PRINCE2 onderscheidt drie typen issues:
- **Wijzigingsverzoek** – een verzoek om een productbaseline te wijzigen;
- **Afwijking van de specificatie** – een product dat door het project moet worden geleverd, maar (naar verwachting) niet voldoet aan de specificaties, c.q. niet is/wordt opgeleverd;
- **Probleem/punt van zorg** – alle overige issues die moeten worden opgelost of doorverwezen.

Issue- en wijzigingsbeheer – de procedure die ervoor zorgt dat alle issues die wijzigingen van de projectdoelstellingen tot gevolg kunnen hebben, worden geïdentificeerd en beoordeeld en worden goedgekeurd, afgewezen of uitgesteld.

10.3 PRINCE2 voorwaarden thema wijziging

Een PRINCE2-project moet minimaal:
- Een wijzigingsbeheeraanpak definiëren die tenminste aangeeft:
  - Hoe issues gedurende het project worden geïdentificeerd en beheerst;
  - Hoe wordt bepaald of issues een impact hebben op de business case;
  - De rollen en verantwoordelijkheden voor issue- en wijzigingsbeheer;
- Een vorm van een issueregister hanteren en onderhouden;
- Leerpunten gebruiken om het issue- en wijzigingsbeheer te verbeteren.

10.4 PRINCE2 aanpak thema wijziging

De beheersinstrumenten voor het managen van issues en wijzigingen worden in de initiatiefase gedefinieerd en ingericht en tegen het eind van elke managementfase beoordeeld en geactualiseerd.

Beheersinstrumenten voor het managen van issues en wijzigingen zijn:

Wijzigingsbeheeraanpak – beschrijft hoe issues en wijzigingen in het project worden beheerst. Dit omvat de specifieke processen, procedures, technieken en de schalen voor prioriteit en ernst en de verantwoordelijkheden die moeten worden toegepast;

Een algemeen erkende indeling voor prioriteit is bijvoorbeeld MoSCoW:
- *Must have* – essentieel voor het succes van het project;
- *Should have* – zeer gewenst, maar het kan eventueel zonder;
- *Could have* – alleen meenemen als er tijd en geld is;
- *Won't have for now* – nu niet, maar misschien interessant voor later.

De ernst van een issue of wijziging geeft aan op welk managementniveau een besluit moet worden genomen over dit issue of deze wijziging.

Issueregister – geeft een overzicht van alle issues die formeel moeten worden gemanaged, inclusief hun status en geschiedenis. Het issueregister dient regelmatig door de projectmanager te worden geactualiseerd en bewaakt.

Issuerapport – beschrijft de impactanalyse en de aanbevelingen voor een specifiek issue. Het issuerapport wordt gemaakt voor die issues die formeel moeten worden gemanaged. Het issuerapport is optioneel.

Configuratie-itemrecord – het geheel aan vastgelegde kenmerken van een configuratie-item, inclusief de relaties ten opzichte van andere configuratie-items; bijvoorbeeld de kenmerken en eigenschappen van het oliefilter en met welke bouten deze moet worden vastgezet en welke rubberen ring daarbij gebruikt moet worden.

Configuratiemanagementdatabase (CMDB) – het bestand dat alle configuratie-itemrecords omvat van een configuratie; bijvoorbeeld de database met alle informatie van alle configuratie-items van de te ontwikkelen nieuwe auto.

Productstatusoverzicht – een lijst met de status van alle producten onder wijzigingsbeheer. Dit is handig wanneer de projectmanager de versie en de status van de producten wil controleren, bijv. aan het eind van een managementfase, aan het eind van het project of als onderdeel van het analyseren van de impact van issues en risico's.

Dagelijks logboek – het projectdagboek van de projectmanager. In dit dagboek worden problemen/punten van zorg genoteerd, die informeel door de projectmanager kunnen worden opgepakt.

10.5 Procedure beheersing issues en wijzigingen

Beheersing van issues en wijzigingen omvat, zie figuur 10.1:
1. **Vastleggen** – stel vast of een issue informeel kan worden afgehandeld. Schat de ernst en prioriteit van het issue in. Registreer de issues in het issueregister, die formeel dienen te worden afgehandeld. Stel eventueel een issuerapport op om vast te leggen wat er al over een dergelijke issue bekend is.

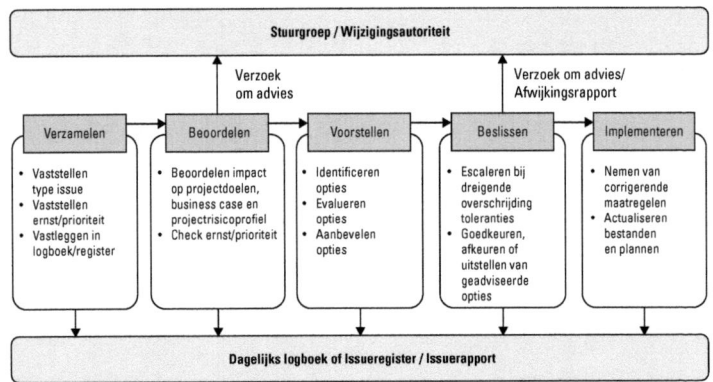

Figuur 10.1 Controleprocedure voor beheersing van issues en wijziging (bron: AXELOS Ltd.)

2. **Beoordelen** – onderzoek de impact van het issue ten aanzien van de projectdoelen, het projectrisicoprofiel en de business case vanuit bedrijfs-, gebruikers- en leveranciersperspectief. Bepaal de ernst en prioriteit van het issue. Vraag zo nodig om advies.

3. **Voorstellen** – identificeer en evalueer opties. Maak een afweging van de kosten en benefits van elke optie en de belangen van de verschillende stakeholders.

4. **Beslissen** – neem een beslissing over de te nemen correctieve maatregelen. Stuur wijzigingsverzoeken door naar de betreffende wijzigingsautoriteit. Stel een afwijkingsrapport op als wordt voorzien, dat de afgesproken toleranties worden overschreden.

De stuurgroep kan:
- Een wijzigingsverzoek goedkeuren, afkeuren, de beslissing uitstellen of vragen om meer informatie;

- Een afwijking van specificaties goedkeuren zonder corrigerende maatregelen (concessie), de betreffende eis waaraan het product niet voldoet in zijn geheel laten vervallen (waiver), instructie geven tot correctie, de beslissing uitstellen of vragen om meer informatie;
- Advies geven over een probleem/punt van zorg;
- Om een afwijkingsrapport vragen.

5. **Implementeren** – voer de nodige correctieve maatregelen uit. Stel op aanwijzing van de stuurgroep een afwijkingsplan op.

Actualiseer het issueregister en issuerapport bij elke stap. Houd de persoon die het issue heeft gemeld en betrokken belanghebbenden op de hoogte van de status ervan.

Wijzigingsautoriteit – Het is de verantwoordelijkheid van de stuurgroep om verzoeken tot wijziging en afwijking van de specificatie te beoordelen en goed te keuren. Dit kan echter vrij tijdrovend zijn. Vaak is ook specialistische kennis en veel afstemming nodig om tot een juiste beslissing te komen. Daarom kan het verstandig zijn om een dergelijke taak te delegeren aan een aparte persoon of groep. Deze persoon of groep wordt de wijzigingsautoriteit genoemd.

Voor kleine veranderingen kan de projectmanager verantwoordelijk worden gemaakt. In andere gevallen wordt er een wijzigingsadviesgroep (Change Advisory Board, CAB) geïnstalleerd. Als wordt voorzien dat overeengekomen toleranties worden overschreden, moet de wijziging of afwijking van de specificaties worden geëscaleerd naar de stuurgroep.

Wijzigingsbudget – Aan de wijzigingsautoriteit kan een wijzigingsbudget worden toegekend voor het doorvoeren van wijzigingen. Dit voorkomt dat kosten voor het doorvoeren van wijzigingen ten laste komen van het uitvoeringsbudget.

10.6 Richtlijnen voor effectief wijzigingsbeheer

Kleine projecten – In kleine projecten zal de projectmanager zelf de meeste issue- en wijzigingsbeheeractiviteiten uitvoeren. In grotere projecten kunnen deze activiteiten meestal voor een deel worden gedelegeerd aan projectsupport.

In kleine projecten zal tevens zelden een apart configuratiemanagement hoeven te worden ingericht. Een documentmanagementsysteem is dan meestal voldoende.

Agile projecten – De 'product owner' is de wijzigingsautoriteit. Alle wijzigingen worden geprioriteerd en tussengevoegd in de lijst van uit te voeren werkzaamheden die in de volgorde van prioriteit worden uitgevoerd. Op het einde van een timebox zullen de werkzaamheden met lagere prioriteit die nog niet zijn gerealiseerd automatisch vervallen. Daarom is in agile projecten geen apart wijzigingsbudget nodig.

Commerciële projecten – Het contract kan vereisen dat de in het contract gedefinieerde procedures en processen voor het beheersen van issues en wijzigingen worden toegepast. Issuemanagement en wijzigingsbeheer kunnen daarbij als aparte processen met aparte procedures worden gedefinieerd.

Projecten in een programma – Het programma kan vereisen dat de processen en procedures voor issuemanagement en wijzigingsbeheer van het programma worden overgenomen. Ook kunnen de wijzigingsautoriteit en het wijzigingsbudget door het programma worden ingesteld. Daarnaast moeten afspraken worden gemaakt, hoe issues en wijzigingen binnen het programma kunnen worden gedelegeerd en geëscaleerd.

10.7 Verantwoordelijkheden thema wijziging

Voor de verantwoordelijkheden voor het thema wijziging, zie tabel 10.1.

Tabel 10.1 Rollen en verantwoordelijkheden voor het thema wijziging

Bedrijfs- of programmamanagement of de klant • Verstrekken CM-strategie van het bedrijfs- of programmamanagement of de klant **Opdrachtgever** • Goedkeuren wijzigingsbeheeraanpak • – Vaststellen schaal ernst en prioriteit wijzigingen • – Vaststellen wijzigingsautoriteit/-budget • Reageren op verzoeken om advies • Nemen van besluiten t.a.v. issues **Seniorgebruiker/-leverancier** • Reageren op verzoeken om advies • Nemen van besluiten t.a.v. issues • CM = Configuratiemanagement • CC = Wijzigingsbeheer (change control)	**Projectmanager (PM)** • Opstellen wijzigingsbeheeraanpak • Inrichten en actualiseren issueregister, ondersteund door projectsupport • Managen CM/CC procedures, ondersteund door projectsupport • Zeker stellen dat TM de CM/CC afspraken implementeert • Implementeren corrigerende maatregelen **Teammanager (TM)** • Implementeren CM/CC afspraken • Implementeren corrigerende maatregelen **Projectborging** • Adviseren bij opstellen wijzigingsbeheeraanpak • Adviseren t.a.v. analyseren en oplossen issues **Projectsupport** • Onderhouden configuratie-items-records • Ondersteunen PM bij uitvoering CM/CC processen • Ondersteunen PM bij actualiseren issueregister • Opstellen productstatuslijst

Hoofdstuk 11
Voortgang

11.1 Doel

Het doel van het thema voortgang is het aanreiken van een raamwerk voor het bewaken en beheersen van het werk, de projectdoelstellingen en de blijvende levensvatbaarheid van het project om onacceptabele afwijkingen te voorkomen.

Het thema voortgang biedt een raamwerk om continu de zakelijke rechtvaardiging van het project zeker te stellen door het managen per fase en het managen by exception.

11.2 Definities

Belangrijke definities met betrekking tot het thema voortgang zijn:
- **Voortgang** – de mate waarin de geplande prestaties van een plan zijn gerealiseerd;
- **Tolerantie** – de toegestane afwijking van de doelstellingen van een plan, waarbinnen niet geëscaleerd hoeft te worden naar het naasthogere managementniveau;
- **Afwijking** – een situatie waarin wordt voorzien dat er een overeengekomen tolerantie wordt overschreden.

Beheersinstrumenten moeten zeker stellen, dat het naasthogere managementniveau:
- De voortgang kan bewaken;
- De voortgang kan vergelijken met het plan;
- Plannen en opties kan evalueren op basis van toekomstige ontwikkelingen;
- Problemen kan vaststellen en risico's kan identificeren;
- Correctieve maatregelen kan initiëren;
- Werkzaamheden kan autoriseren.

11.3 PRINCE2 voorwaarden thema voortgang

Een PRINCE2-project moet minimaal:
- De aanpak definiëren hoe de voortgang te beheersen;
- Het project fase voor fase uitvoeren;
- Toleranties overeenkomen en managen by exception;
- De zakelijke rechtvaardiging beoordelen wanneer afwijkingen worden geëscaleerd;
- Leerpunten gebruiken om de voortgangsbesturing te verbeteren.

11.4 Managen by exception

Het principe managen by exception vertaalt zich in:
- De stuurgroep vergadert alleen op beslissingsmomenten, met alleen tussentijds advies en sturing wanneer dat nodig is;
- De stuurgroep delegeert de borging dat een project volgens de afspraken wordt uitgevoerd, aan de projectborging;
- De stuurgroep delegeert verantwoordelijkheid voor de afhandeling van wijzigingsverzoeken en afwijkingen van specificaties aan een wijzigingsautoriteit;
- De stuurgroep delegeert de dagelijkse leiding van het project aan de projectmanager;
- De projectmanager informeert periodiek de stuurgroep met behulp van hoofdpuntenrapporten;
- De projectmanager stelt een afwijkingsrapport op wanneer wordt voorzien dat de afgesproken toleranties worden overschreden.

11.5 PRINCE2 aanpak thema voortgang

In een PRINCE2-project wordt de voortgang beheerst door:
- Delegeren van verantwoordelijkheden en bevoegdheden;
- Opdelen van het project in managementfasen;
- Tijd- en gebeurtenisgedreven rapportages en reviews;
- Escaleren van afwijkingen.

11.6 Delegeren van autoriteit

PRINCE2 onderscheidt zes basisprestatiegebieden die moeten worden gemanaged. Voor elk prestatiegebied moeten voor de verschillende managementniveaus toleranties worden gedefinieerd, zie figuur 11.1.

Beheersaspecten	Project-toleranties	Fase-toleranties	Werkpakket-toleranties
Tijd	Projectplan	Faseplan	Werkpakket
Kosten	Projectplan	Faseplan	Werkpakket
Scope	Projectplan	Faseplan	Werkpakket
Risico	Risicomanagementaanpak	Faseplan	Werkpakket
Kwaliteit	Projectproductbeschrijving	Productbeschrijving	Productbeschrijving
Benefits	Business case	n.v.t.	n.v.t.

Figuur 11.1 De zes tolerantiegebieden per niveau (gebaseerd op: AXELOS PRINCE2 materiaal)

11.7 Gebeurtenis- en tijdgedreven beheersinstrumenten

PRINCE2 onderscheidt:
- **Gebeurtenisgedreven beheersinstrumenten** – deze worden gebruikt aan het eind van een fase (fase-eindrapport), aan het einde van het project (projecteindrapport) en als toleranties dreigen te worden overschreden (afwijkingsrapport);
- **Tijdgedreven beheersinstrumenten** – deze worden gebruikt op vooraf gedefinieerde tijdsmomenten of op vooraf gedefinieerde intervallen, zoals checkpointrapporten en hoofdpuntenrapporten.

Baselines voor het beheersen van de voortgang zijn:
- **Projectplan** – wordt door de stuurgroep gebruikt om voortgang van het project fase voor fase te bewaken;
- **Faseplan** – is de basis voor de dagelijkse leiding van het project door de projectmanager;
- **Afwijkingsplan** – geeft de maatregelen weer die vereist zijn om de effecten van een (dreigende) overschrijding van de toleranties te corrigeren;
- **Werkpakketten** – wordt gebruikt door de projectmanager om werk op te dragen aan een teammanager.

Beheersinstrumenten voor het beoordelen van de voortgang zijn:
- **Dagelijks logboek** – het persoonlijke dagboek van de projectmanager; dit is nuttig om acties te registreren en om problemen/punten van zorg te registreren die informeel kunnen worden behandeld;
- **Issueregister en issuerapport** – om wijzigingsverzoeken, afwijkingen van de specificatie en andere formele issues vast te leggen en te managen;

- **Productstatusoverzicht** – om de status van de producten vast te leggen. Dit is vooral van belang wanneer de projectmanager de status en de versies van de producten wil controleren;
- **Kwaliteitsregister** – om alle geplande en uitgevoerde kwaliteitsmaatregelen te registreren, en als referentie naar de verschillende kwaliteitsbestanden;
- **Risicoregister** – om alle geïdentificeerde risico's te registreren, inclusief de vastgestelde risicomaatregelen.

Informele bestanden worden in logboeken vastgelegd. Formele bestanden worden in registers vastgelegd.

Het vastleggen en rapporteren van leerpunten:
- **Leerpuntenlogboek** – voor het vastleggen van leerpunten uit eerdere projecten, waar in het eigen project rekening mee moet worden gehouden en leerpunten opgedaan tijdens de loop van het project zelf;
- **Leerpuntenrapport** – om leerpunten door te geven die van belang zijn voor andere projecten. Leerpuntenrapporten worden meestal op het einde van een fase en op het einde van een project opgesteld.

Rapporteren van voortgang:
- **Checkpointrapport** – wordt op afgesproken momenten opgesteld door de teammanager voor de projectmanager om de projectmanager in staat te stellen de status van het werkpakket te beoordelen;
- **Hoofdpuntenrapportage** – wordt op afgesproken momenten opgesteld door de projectmanager voor de stuurgroep en andere belanghebbenden om hen te informeren over de hoofdpunten van de voortgang van de fase;
- **Fase-eindrapport** – wordt door de projectmanager aan het eind van een fase om de stuurgroep in staat te stellen het project te evalueren en de voortzetting van het project te autoriseren;
- **Projecteindrapport** – wordt door de projectmanager aan het eind van het project om de stuurgroep in staat te stellen om het project te evalueren en de afsluiting van het project te autoriseren.

11.8 Escaleren van afwijkingen

Wanneer wordt voorzien dat overeengekomen toleranties worden overschreden, moet dit naar het hogere managementniveau worden geëscaleerd, zie figuur 11.2:

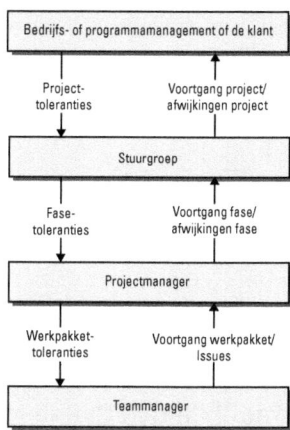

Figuur 11.2 De vier niveaus van beheersing (bron: AXELOS Ltd.)

- **Afwijkingen op werkpakketniveau** – De teammanager moet deze afwijking in de vorm van een issue aan de projectmanager melden;
- **Afwijkingen op faseniveau** – De projectmanager moet de afwijking in de vorm van een afwijkingsrapport naar de stuurgroep escaleren;
- **Afwijkingen op projectniveau** – De stuurgroep moet de afwijking in de vorm van een afwijkingsrapport voor besluitvorming naar het bedrijfs- of programmamanagement of de klant escaleren.

Op basis van het afwijkingsrapport kan de stuurgroep de beslissing over de afwijking uitstellen of de projectmanager instrueren het project voortijdig af te sluiten, een afwijkingsplan op te stellen of de tolerantie te verhogen en gewoon door te gaan met de uitvoering van het project.

11.9 Richtlijnen voor een effectieve voortgangsbeheersing

Kleine projecten – In kleine projecten wordt de voortgang in het algemeen mondeling gerapporteerd in een gemeenschappelijke teamvergadering en wordt dit direct vastgelegd in het lopende faseplan. In meer complexe projecten wordt vaker een Earned Value Analyse of een slip chart gebruikt om de voortgang te rapporteren.

Agile projecten – In agile projecten worden meestal Kanban-borden en burn down charts gebruikt om de voortgang te visualiseren. Benefitstoleranties worden bepaald door het 'minimal marketable product' (MMP) te bepalen, gegeven de vaste tijd en kosten van het uit te voeren project.

Commerciële projecten – In commerciële projecten worden de samenstelling en de intervallen van de voortgangsrapporten meestal vastgelegd in het contract. Zeker moet worden gesteld dat de klant op basis van de gegeven voortgangsrapportage effectieve controle kan uitoefenen op de voortgang van het project.

Projecten in een programma – Als een project deel uitmaakt van een programma worden de projecttoleranties en de toe te passen beheersinstrumenten meestal bepaald door het programmamanagement.

11.10 Verantwoordelijkheden thema voortgang

Voor de verantwoordelijkheden voor het thema voortgang, zie tabel 11.1.

Tabel 11.1 Rollen en verantwoordelijkheden voor het thema voortgang

Bedrijfs- of programmamanagement of de klant	Projectmanager (PM)
• Definieert projecttoleranties in het mandaat • Keurt afwijkingsplannen project goed **Opdrachtgever** • Definieert fasetoleranties • Keurt afwijkingsplannen fase goed • Stelt zeker dat vanuit bedrijfsperspectief er een eenduidig beeld is t.a.v. de voortgang van het project • Adviseert over vervolgacties in afwijkingsplannen project **Seniorgebruiker** • Stelt zeker dat voortgang t.o.v. uitkomst consistent blijft vanuit gebruikersperspectief **Seniorleverancier** • Stelt zeker dat voortgang t.o.v. uitkomst consistent blijft vanuit leveranciersperspectief **Projectborging** • Bewaakt de impact van de veranderingen in het projectplan op de business case • Valideert de voortgang t.o.v. fase- en projecttoleranties	• Autoriseert werkpakketten • Bewaakt voortgang t.o.v. faseplan • Stelt hoofdpuntenrapporten op • Stelt fase- en projecteindrapporten op • Stelt afwijkingsrapporten op • Actualiseert de registers en logboeken **Teammanager (TM)** • Komt werkpakket overeen met PM • Stelt indien noodzakelijk het teamplan op • Informeert projectsupport over uitgevoerde kwaliteitstoetsen • Stelt voortgangsrapporten op • Informeert de PM over een voorziene afwijking van overeengekomen toleranties **Projectsupport** • Assisteert bij het samenstellen van rapporten • Levert specialistische ondersteuning • Onderhoud de issue-, risico- en kwaliteitsregisters voor de PM

DEEL III PROCESSEN

Hoofdstuk 12
Inleiding PRINCE2-processen

PRINCE2 is een proces-georiënteerde aanpak van projectmanagement. PRINCE2 bevat zeven processen die tezamen alle activiteiten beschrijven die nodig zijn om een project op een succesvolle manier te sturen, te managen en op te leveren.

De zeven processen zijn (zie figuur 12.1):
- Opstarten van een project (OP);
- Sturen van een project (SP);
- Initiëren van een project (IP);
- Beheersen van een fase (BF);
- Managen productoplevering (MP);
- Managen van een faseovergang (MF);
- Afsluiten van een project (AP).

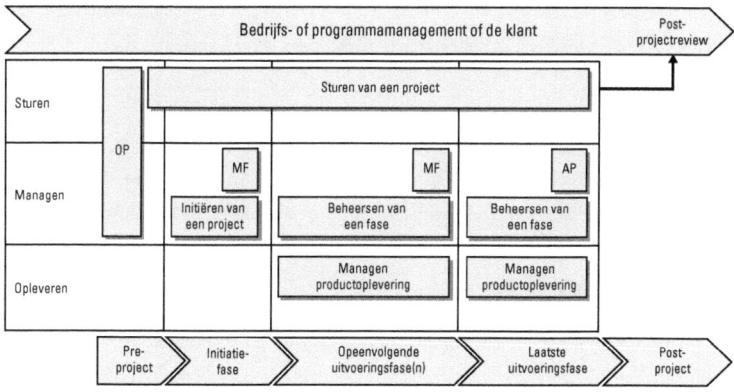

Figuur 12.1 Overzicht processen (bron: AXELOS Ltd.)

Elk proces kent een doel en meerdere daaruit afgeleide doelstellingen. Om dit doel en deze doelstellingen te realiseren heeft elk proces één of meer inputs nodig, bevat elk proces een aantal activiteiten en levert elk proces één of meer outputs. In de komende hoofdstukken worden van ieder proces het doel, de doelstellingen, de context, de outputs en de benodigde activiteiten beschreven.

De processen zijn beschreven vanuit het perspectief van de projectmanager met uitzondering van de processen sturen van een project (perspectief stuurgroep) en managen productoplevering (perspectief teammanager).

Een project bevat meerdere managementfasen: een initiatiefase en één of meerdere uitvoeringsfasen. In het geval van een eenvoudig project volstaat een initiatiefase en één uitvoeringsfase.

Het pre-project en het post-project maken, zoals de namen al weergeven, geen deel uit van het project.

12.1 Pre-project

De autorisatie om een project op te starten komt van het bedrijfs- of programmamanagement of de klant en kan zijn oorzaak vinden in nieuwe wetgeving, nieuwe bedrijfsdoelen of iedere andere vorm van een kans of een bedreiging. Dit projectmandaat kan variëren van een kort gesprek tot een uitgebreidere projectbeschrijving.

Voordat de initiatie van het project kan worden gestart, zal echter eerst moeten worden bevestigd dat aan de randvoorwaarden voor de initiatie zijn voldaan. Het proces opstarten van een project stelt zeker dat deze randvoorwaarden zijn ingevuld. De outputs van dit proces – het projectvoorstel en het initiatiefaseplan – zijn de basis waarop de stuurgroep kan besluiten de initiatie te autoriseren. Dit besluit van de stuurgroep vindt plaats in het proces sturen van een project.

12.2 Initiatiefase

In het proces initiëren van een project worden de benodigde managementaanpakken gedefinieerd, het project gepland en de business case aangescherpt. Daarmee begrijpt de organisatie wat het uit te voeren werk inhoudt en kan worden aangetoond dat het project levensvatbaar, wenselijk en realiseerbaar is.

De belangrijkste output van het proces initiëren van een project is de projectinitiatiedocumentatie (PID). Aan het einde van de initiatiefase zal de projectmanager in het proces managen van een faseovergang de initiatiefase evalueren en de eerste uitvoeringsfase in detail plannen.

De stuurgroep beoordeelt daarna de PID en het faseplan van de eerste uitvoeringsfase in het proces sturen van een project. Hiermee keurt de stuurgroep de start van de uitvoering van het project goed en autoriseert het de uitvoering van de eerste uitvoeringsfase aan de projectmanager.

12.3 Uitvoeringsfase(n)

De stuurgroep delegeert de dagelijkse leiding van het project fasegewijs aan de projectmanager. De projectmanager zorgt er in het proces beheersen van een fase voor dat het werk wordt uitgevoerd conform de specificaties binnen de in het faseplan overeengekomen toleranties. De teammanager accepteert en managet in het proces managen productoplevering de uitvoering en de oplevering van de aan hem toegewezen werkpakketten.

Tegen het einde van elke tussenliggende fase rapporteert de projectmanager over de uitvoering van die fase als geheel aan de stuurgroep, actualiseert het projectplan en de business case, plant de volgende fase en verzoekt de stuurgroep de uitvoering van de volgende fase te autoriseren. Dit vindt plaats in het proces managen van een faseovergang.

De stuurgroep autoriseert vervolgens de uitvoering van de volgende managementfase in het proces sturen van een project.

12.4 Laatste uitvoeringsfase

Tegen het einde van de laatste uitvoeringsfase bereidt de projectmanager de afsluiting van het project voor in het proces afsluiten van een project. Het projectproduct wordt opgeleverd, de projectdocumentatie wordt opgeschoond en overgedragen en de mensen en middelen worden vrijgegeven. De projectmanager evalueert het project, actualiseert de business case en de benefitsmanagementaanpak, legt leerpunten en vervolgacties vast en draagt deze over aan de relevante partijen en verzoekt tenslotte de stuurgroep het project af te sluiten. De stuurgroep autoriseert vervolgens de afsluiting van het project in het proces sturen van een project.

12.5 Post-project

Na de ingebruikname van het projectproduct kan het bedrijfs- of programmamanagement of de klant de voorgenomen veranderingen doorvoeren en de verwachte benefits realiseren en reviewen conform de bijgewerkte benefitsmanagementaanpak.

Indien het project onderdeel uitmaakt van een programma zal de review van de benefits opgepakt worden door het programma.

12.6 Op maat maken van de processen

Deze managementprocessen moeten uiteraard aansluiten op de behoefte van het project en de omgeving en moeten bij voorkeur zo eenvoudig mogelijk worden ingericht. Activiteiten binnen deze processen kunnen vervallen, de processen zelf echter niet.

Hoofdstuk 13
Opstarten van een project

13.1 Doel

Het doel van het proces opstarten van een project is om ervoor te zorgen dat aan de randvoorwaarden voor het initiëren van een project wordt voldaan door na te gaan of het project voldoende levensvatbaar en de moeite waard is en of alle informatie aanwezig is om het proces initiëren van een project te starten.

Het proces opstarten van een project is lichter dan het proces initiëren van een project. Het proces opstarten van een project is er enkel om te kunnen beslissen of het de moeite waard is het project te initiëren.

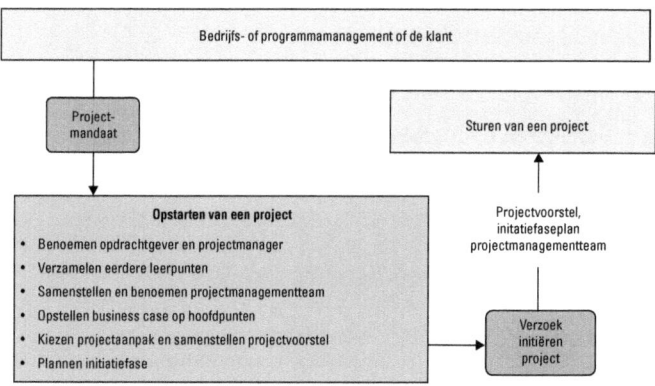

Figuur 13.1 Proces opstarten van een project

13.2 Doelstelling

De doelstelling van het proces opstarten van een project is om ervoor te zorgen dat:
- Er een zakelijke rechtvaardiging is;
- Alle benodigde bevoegdheden voor de projectinitiatie ingevuld zijn;
- Er voldoende informatie beschikbaar is om de scope en de aanpak van het project te definiëren en te bevestigen;

- Mensen worden benoemd om de initiatiefase uit te voeren en de belangrijkste projectmanagementrollen in te vullen;
- Werkzaamheden voor de initiatie zijn gepland;
- Geen tijd wordt verspild aan een projectinitiatie op basis van onjuiste aannames.

13.3 Context

De trigger voor opstarten van een project is het projectmandaat dat geleverd wordt door het bedrijfs- of programmamanagement of de klant. Deze benoemt de opdrachtgever die op zijn beurt de projectmanager benoemt. Op basis van het projectmandaat en afspraken met de opdrachtgever stelt de projectmanager het initiatiefaseplan en het projectvoorstel op, inclusief de samenstelling van het projectmanagementteam, de projectaanpak en de business case op hoofdlijnen. Tevens richt hij het dagelijks logboek en het leerpuntenlogboek in, zie figuur 13.1.

Op basis van het projectvoorstel en het initiatiefaseplan kan de stuurgroep in het proces sturen van een project de initiatie van het project autoriseren.

13.4 Activiteiten

13.4.1 Benoemen opdrachtgever en projectmanager

Om het project uit te voeren is er een opdrachtgever met de juiste bevoegdheden en een projectmanager voor het dagelijkse management van het project nodig. De volgende acties worden aanbevolen:
- Beoordelen projectmandaat en nagaan of alles duidelijk is;
- Benoemen opdrachtgever door het bedrijfs- of programmamanagement of de klant;
- Benoemen projectmanager door de opdrachtgever;
- Inrichten dagelijks logboek voor het vastleggen van projectinformatie.

13.4.2 Verzamelen relevante leerpunten

Voorgaande projecten of programma's kunnen nuttige leerpunten opleveren over processen, technieken en schattingen voor het project. De volgende acties worden aanbevolen:
- Inrichten leerpuntenlogboek;
- Verzamelen en beoordelen leerpunten uit eerdere projecten en nagaan welke leerpunten voor dit project relevant zijn;
- Raadplegen van mensen met ervaring in soortgelijke projecten;
- Vastleggen relevante leerpunten in het leerpuntenlogboek.

13.4.3 Samenstellen en benoemen projectmanagementteam

Het project heeft de juiste mensen nodig om op het juiste moment beslissingen te nemen. Er is een projectmanagementteam nodig dat de belangen van de betrokken partijen weerspiegelt. De volgende acties worden aanbevolen:
- Nagaan of in het leerpuntenboek leerpunten zijn opgenomen over de projectmanagementteamstructuur;
- Samenstellen projectmanagementteam met rolbeschrijvingen en de projectmanagementteamstructuur. Overweeg combinaties van rollen;
- Benoemen van het projectmanagementteam;
- Inschatten van de benodigde tijd en inzet van elke rol en bepalen van de kandidaten;
- Bevestigen beschikbaarheid van de verschillende kandidaten, nagaan of ze begrijpen wat er van hen wordt verwacht en benoemen van de geselecteerde kandidaten;
- Vastleggen van eventuele risico's in het dagelijks logboek.

13.4.4 Opstellen business case op hoofdlijnen

Een cruciaal element in het project is WAAROM het project nodig is. De volgende acties worden aanbevolen:
- Opstellen van de business case op hoofdlijnen, gebaseerd op wat er op dat moment al over het project bekend is;
- Raadplegen van de opdrachtgever en seniorgebruiker om te definiëren wat het project moet opleveren en opstellen van de projectproductbeschrijving;
- Beoordelen risico's die in het dagelijks logboek zijn vastgelegd en opnemen van de belangrijkste risico's daarvan in de business case op hoofdlijnen.

13.4.5 Kiezen projectaanpak en samenstellen projectvoorstel

Voordat werkzaamheden kunnen worden gepland moet eerst worden besloten hoe het werk zal worden aangepakt. Een overeengekomen projectvoorstel zorgt voor een gezamenlijk begrepen en goed omschreven startpunt. De volgende acties worden aanbevolen:
- Evalueren en selecteren van een aanpak waarmee het projectproduct kan worden opgeleverd en de business case kan worden gerealiseerd;
- Indien al bekend de eisen opstellen ten aanzien van het op maat maken van de projectmanagementaanpak;
- Identificeren van de beperkingen, aannames, toleranties, stakeholders en afhankelijkheden met andere initiatieven en tenslotte het samenstellen van het projectvoorstel op basis van het vorige en op basis van de resultaten van de vorige procesactiviteiten.

13.4.6 Plannen initiatiefase

De inspanningen en resultaten van de initiatiefase moeten nog worden gepland en goedgekeurd. Als dit niet gebeurt, kan de initiatie stuurloos en ongestructureerd plaatsvinden. De volgende acties worden aanbevolen:
- Beslissen over geschikte beheersinstrumenten voor de initiatiefase;
- Vaststellen benodigde tijd en budget voor het uitvoeren van de initiatiefase en het initiatiefaseplan opstellen;
- Beoordelen risico's en issues vanuit het dagelijks logboek en hun impact op het initiatiefaseplan beoordelen;
- Identificeren mogelijke risico's en het dagelijks logboek actualiseren;
- Verzoeken om autorisatie om het project te initiëren.

13.5 Op maat maken opstarten van een project

Eenvoudig project – In het geval van een eenvoudig project kan dit proces informeel worden aangepakt maar kan niet worden overgeslagen. Het projectvoorstel kan een uitwerking zijn van het projectmandaat of een gespreksverslag van het gesprek tussen de opdrachtgever en de projectmanager.

Agile project – Wanneer voor een agile-aanpak wordt gekozen, wordt in het proces opstarten van een project met name het doel van het project aangescherpt en de verschillende hypothesen hoe dit doel te bereiken onderzocht. Verder wordt nagegaan hoe de agile-werkwijze het beste kan worden ingevuld.

Commercieel project – Indien het de bedoeling is dat het project wordt uitgevoerd door derden, dan zal de trigger voor het proces opstarten van een project meestal worden gevormd door een offerteaanvraag vanuit het bedrijfs- of programmamanagement of de klant. Het proces opstarten van een project omvat dan de beoordeling door de leverancier of er voldoende informatie is en of het de moeite waard is een offerte uit te brengen.

Project in een programma – Als het project onderdeel is van een programma, benoemt de programmamanager meestal de opdrachtgever en de projectmanager. Ook zal de programmamanager waarschijnlijk al een uitgewerkt projectvoorstel hebben opgesteld. Toch zal de projectmanager zelf moeten beoordelen of het projectvoorstel compleet is en of het project levensvatbaar en de moeite waard is.

Hoofdstuk 14
Sturen van een project

14.1 Doel

Het doel van het proces sturen van een project is om de stuurgroep in staat te stellen verantwoordelijkheid te nemen voor het succes van het project door het nemen van de belangrijkste besluiten en het besturen van het geheel, terwijl het dagelijkse management aan de projectmanager wordt gedelegeerd.

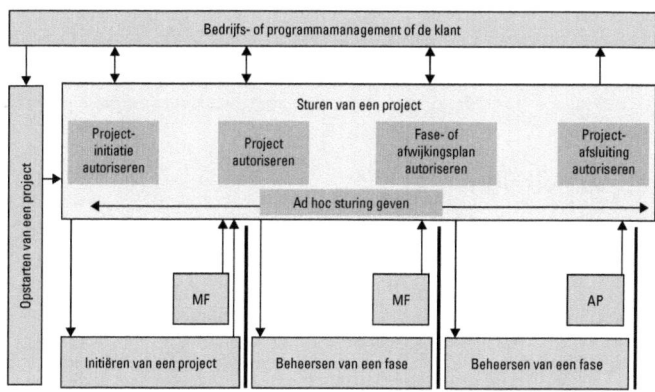

Figuur 14.1 Proces sturen van een project (gebaseerd op AXELOS PRINCE2 materiaal)

14.2 Doelstelling

De doelstelling voor het proces sturen van een project is om ervoor te zorgen dat:
- De bevoegdheid aanwezig is voor de initiatie, de fasegewijze uitvoering en de afsluiting van het project;
- Besturing en beheersing van het project als geheel en beoordeling van de levensvatbaarheid plaatsvindt vanuit het management;
- Communicatie over en weer plaatsvindt met het bedrijfs- of programmamanagement of de klant;
- Het realiseren van de benefits is beschreven in een aanpak die gemanaged en beoordeeld wordt.

14.3 Context

Dit proces wordt beschreven vanuit het perspectief van de stuurgroep. De projectmanager triggert dit proces met de opvolgende verzoeken om het project te initiëren, het project uit te voeren, de volgende fase of een afwijkingsplan uit te voeren en het project af te sluiten. Tussentijds kan de projectmanager ook verzoeken om een advies of een besluit. Tenslotte kan dit proces worden getriggerd door informatie of aanwijzingen vanuit het bedrijfs- of programmamanagement of de klant, zie figuur 14.01.

De stuurgroep managet 'by exception' en wordt geïnformeerd via hoofdpuntenrapportages. Er is geen noodzaak voor tussentijdse voortgangsvergaderingen.

De stuurgroep communiceert met het bedrijfs- of programmamanagement of de klant en borgt dat er een voortdurende zakelijke rechtvaardiging is. De stuurgroep en de projectmanager dienen niet alleen formeel maar ook naar behoefte informeel met elkaar te communiceren.

14.4 Activiteiten

14.4.1 Autoriseren initiatie

Het is de verantwoordelijkheid van de stuurgroep om ervoor te zorgen dat de voorgenomen investering de moeite waard is. De volgende acties worden aanbevolen:
- Reviewen en goedkeuren van het projectvoorstel inclusief de projectproductbeschrijving en het initiatiefaseplan;
- Bevestigen dat het project levensvatbaar is op basis van de business case op hoofdlijnen;
- Aankondiging van projectinitiatie aan belanghebbenden en werklocatie(s) dat het project wordt geïnitieerd en hen vragen om de daarvoor benodigde ondersteuning;
- Autoriseren van de initiatiefase aan de projectmanager.

14.4.2 Autoriseren project

Aan het einde van de initiatiefase vraagt de projectmanager aan de stuurgroep om het project te mogen uitvoeren. De volgende acties worden aanbevolen:
- Reviewen en goedkeuren van de projectinitiatiedocumentatie (PID) en de benefitsmanagementaanpak;
- Autoriseren van de uitvoering van het project aan de projectmanager of besluiten om het project voortijdig af te sluiten;

- Informeren van het bedrijfs- of programmamanagement of de klant en andere belanghebbenden dat het project is geautoriseerd of niet doorgaat.

14.4.3 Autoriseren fase- of afwijkingsplan

Om naar een volgende managementfase te kunnen gaan vraagt de projectmanager om autorisatie van het volgende faseplan. Als er een escalatie op fase- en/of projectniveau plaatsvindt vraagt de projectmanager om autorisatie van het afwijkingsplan. De stuurgroep neemt het besluit om verder te gaan indien zij overtuigd is van de voortdurende levensvatbaarheid van het project. De volgende acties worden aanbevolen:
- Beoordelen van de levensvatbaarheid en het risicogehalte van het project;
- Reviewen en indien nodig goedkeuren van de geactualiseerde PID;
- Reviewen en goedkeuren van het fase-eindrapport;
- Reviewen en goedkeuren van het fase- of afwijkingsplan;
- Autoriseren van de projectmanager om verder te gaan, vragen om de plannen aan te passen of opdragen het project voortijdig af te sluiten;
- Communiceren van de projectstatus aan het bedrijfs- of programmamanagement of de klant.

14.4.4 Ad hoc sturing geven

De stuurgroep kan op elk moment tijdens het project advies geven of reageren op vragen. Triggers hiervoor kunnen zijn:
- Informele vragen om advies en begeleiding;
- Een ingediend issue-, afwijkings- of hoofdpuntenrapport;
- Een advies of besluit van het bedrijfs- of programmamanagement of de klant.

Acties van de stuurgroep(leden) kunnen zijn:
- Ondersteunen van de projectmanager;
- Nemen van besluiten binnen de bevoegdheden;
- Vragen om meer informatie of uitstellen van een besluit;
- Vragen om advies of een besluit bij het bedrijfs- of programmamanagement of de klant;
- Opdragen aan de projectmanager om een afwijkingsplan op te stellen of om het project voortijdig af te sluiten.

14.4.5 Autoriseren projectafsluiting

Niet alleen moet ieder project beheerst gestart worden maar ieder project moet ook beheerst worden afgesloten. De stuurgroep beoordeelt bij de afsluiting de projectprestaties of de doelstellingen zijn behaald of dat het project niets meer kan bijdragen. De volgende acties worden aanbevolen:
- Bevestigen van de acceptatie van het projectproduct door de gebruikers en beheer en onderhoud en de overdracht van het projectproduct aan het bedrijfs- of programmamanagement of de klant;
- Reviewen van de geactualiseerde business case en benefitsmanagementaanpak en bevestigen van de overdracht ervan aan het bedrijfs- of programmamanagement of de klant;
- Reviewen van de oorspronkelijke en huidige versie van de PID om de managementaanpakken en beheersinstrumenten te evalueren;
- Reviewen van het leerpuntenrapport en de aanbevelingen voor vervolgacties en bevestigen van de overdracht ervan aan het bedrijfs- of programmamanagement of de klant;
- Reviewen en goedkeuren van het projecteindrapport inclusief een samenvatting van eventuele afwijkingen van de goedgekeurde plannen;
- Reviewen van de aankondiging van projectafsluiting en deze versturen aan de belanghebbenden.

14.5 Op maat maken sturen van een project

Eenvoudig project – Een eenvoudig project vraagt om een informele houding en aanpak van de stuurgroep. Indien het project slechts één uitvoeringsfase kent, vervalt de activiteit autoriseren van een fase tijdens de uitvoering.

Agile project – De stuurgroep kan op basis van demo's aan het einde van sprints, releases en fasen beslissingen nemen in plaats van op basis van formele rapportages. Aangezien tijd en kosten vaststaan, zal de aandacht daarbij primair uitgaan naar de omvang van het op te leveren projectproduct.

Commercieel project – Een vertegenwoordiger van de externe leverancier kan de rol van seniorleverancier invullen in de stuurgroep of kan deelnemen aan een leveranciersoverleg voorgezeten door de seniorleverancier.

Project in een programma – Een business change manager in het programma kan de rol van seniorgebruiker vervullen in de stuurgroep. In een enkel geval is het verstandig dat de programmamanager ook de rol van opdrachtgever invult in het project.

Hoofdstuk 15
Initiëren van een project

15.1 Doel

Het doel van het proces initiëren van een project is om een solide fundament voor het project te leggen. Hierdoor wordt het voor de organisatie duidelijk wat de benodigde inspanning is om het projectproduct op te leveren voordat zij zich aan een aanzienlijke uitgave verbindt.

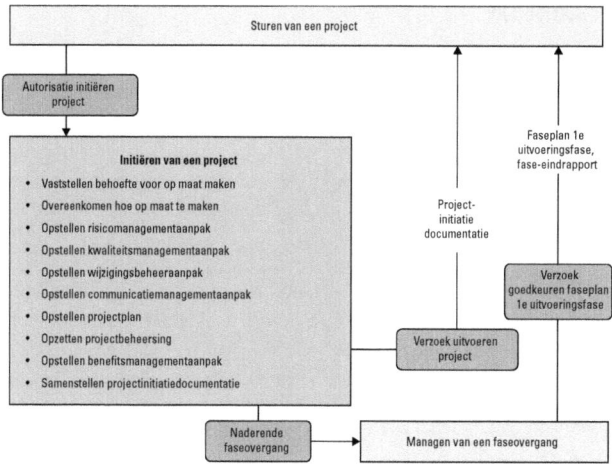

Figuur 15.1 Proces initiëren van een project

15.2 Doelstelling

De doelstelling van initiëren van een project is om ervoor te zorgen dat er een afgestemd en gedeeld beeld is:
- Waarom het project nodig is inclusief de verwachte benefits en de daaraan verbonden risico's;
- Wat de scope is van wat moet worden uitgevoerd en de producten die moeten worden opgeleverd;

- Hoe, wanneer en tegen welke kosten het project wordt uitgevoerd;
- Wie verantwoordelijk is voor de besluitvorming in het project;
- Hoe de vereiste kwaliteit wordt bereikt;
- Hoe baselines worden vastgesteld en beheerst;
- Hoe risico's, issues en wijzigingen zullen worden geïdentificeerd, beoordeeld en beheerst;
- Hoe voortgang wordt bewaakt en beheerst;
- Wie welke informatie op welk moment nodig heeft;
- Hoe de standaarden van het bedrijfs- of programmamanagement of de klant op maat worden gemaakt.

15.3 Context

Dit proces start na de autorisatie van de initiatie door de stuurgroep op basis van het projectvoorstel en het initiatiefaseplan. Initiëren van een project beschrijft hoe de projectmanager de basis legt voor een succesvol project. Dit doet hij door het opstellen van de managementaanpakken, het maken van het projectplan, het opzetten van de projectbeheersing, het inrichten van de verschillende registers en het (laten) verfijnen van de business case. Alle managementdocumenten voegt hij tenslotte samen tot de projectinitiatiedocumentatie (PID), zie figuur 15.01.

Aan het einde van initiatiefase voert hij het proces managen van een faseovergang uit waarin hij de voorbereidingen voor de faseovergang treft op basis waarvan de stuurgroep de eerste uitvoeringsfase kan autoriseren. Zijn verzoek uitvoeren project aan de stuurgroep is de trigger voor het proces sturen van een project waarin de stuurgroep de uitvoering van het project autoriseert.

15.4 Activiteiten

15.4.1 Vaststellen behoeften voor op maat maken

De projectmanager moet de toepassing van de PRINCE2-methode op maat maken naar de eigenschappen van het project en de eisen vanuit de projectomgeving. Indien het project afwijkt van de projectmanagementstandaard van de organisatie zal dit moeten worden beschreven en goedgekeurd. De volgende acties worden aanbevolen:
- Reviewen van de globale aanpak voor het op maat maken als deze al was beschreven in het projectvoorstel;
- Verzamelen van relevante leerpunten over op maat maken;
- Bepalen van de aanpak hoe op maat te maken en kiezen van passende beheersinstrumenten;

- Overleggen met projectborging om er zeker van te zijn dat de gekozen aanpak hoe op maat te maken voldoet aan de behoeften van de stuurgroep en het bedrijfs- of programmamanagement of de klant;
- Goedkeuring vragen aan de stuurgroep.

15.4.2 Opstellen managementaanpakken

De projectmanager moet de risico-, kwaliteits- en communicatiemanagementaanpakken en de wijzigingsbeheeraanpak opstellen. Deze managementaanpakken beschrijven de procedures, verantwoordelijkheden, technieken, records, rapportages en timing voor de relevante aspecten. De volgende acties worden aanbevolen:
- Reviewen van de aanpak hoe op maat te maken en wat dit betekent voor de managementaanpakken;
- Reviewen van het projectvoorstel, zoeken naar leerpunten en controleren in hoeverre strategieën, standaarden of werkwijzen van het bedrijfs- of programmamanagement of de klant moeten worden toegepast;
- Reviewen van de projectproductbeschrijving om de kwaliteitsverwachtingen van de klant te begrijpen;
- Beschrijven van de managementaanpakken;
- Overleggen met projectborging om er zeker van te zijn dat de managementaanpakken voldoen aan de behoeften van de stuurgroep en het bedrijfs- of programmamanagement of de klant;
- Inrichten van het issue- en het risicoregister voor het registreren van issues en risico's en actualiseren ervan met de al bekende issues en risico's;
- Inrichten van het kwaliteitsregister voor het registreren van toekomstige kwaliteitsactiviteiten;
- Inrichten van de eventuele initiële configuratie-itemrecords;
- Goedkeuring vragen aan de stuurgroep.

15.4.3 Opstellen projectplan

Het projectplan is nodig voor de stuurgroep om daarmee het project te kunnen beheersen en de business case te kunnen aanscherpen met de tijdsduur en kosten van het project. De projectmanager dient deze activiteit in samenwerking met de gebruiker(s) en leverancier(s) uit te voeren. De volgende acties worden aanbevolen:
- Reviewen projectvoorstel en verzamelen van relevante leerpunten;
- Reviewen van de aanpak hoe op maat te maken voor het effect op het projectplan;

- Reviewen van het issue- en het risicoregister voor issues en risico's die effect kunnen hebben op het projectplan;
- Bepalen van de indeling en weergave van het projectplan;
- Identificeren van hulpmiddelen voor planning en beheersing;
- Kiezen van de schattingsmethode(n);
- Opstellen van de productdecompositiestructuur, het productstroomschema en de belangrijkste productbeschrijvingen;
- Controleren of de projectproductbeschrijving moet worden geactualiseerd;
- Actualiseren van eventuele configuratie-item-records;
- Identificeren en bevestigen van de vereiste mensen en middelen;
- Beoordelen van de beschikbaarheid, rolacceptatie en roltoewijding van de in het project in te zetten mensen;
- Opstellen van de tijdsplanning en bepalen van tijd- en kostenbudgetten, waaronder het eventuele risico- en wijzigingsbudget;
- Opstellen van het projectplan;
- Overleggen met projectborging om er zeker van te zijn dat het projectplan voldoet aan de behoeften van de stuurgroep en het bedrijfs- of programmamanagement of de klant;
- Actualiseren van de relevante logboeken en registers;
- Goedkeuring vragen aan de stuurgroep.

15.4.4 Opzetten projectbeheersing

De beheersinstrumenten moeten worden opgezet voordat met de uitvoering van het project kan worden begonnen. De beheersinstrumenten zijn al gedefinieerd bij het opstellen van de managementaanpakken maar zijn echter niet noodzakelijkerwijs in onderlinge samenhang beoordeeld en nog niet ingericht. De volgende acties worden aanbevolen:

- Reviewen van de aanpak hoe op maat te maken en het effect ervan op de beheersinstrumenten;
- Verzamelen van leerpunten relevant voor projectbeheersing;
- Reviewen van logboeken en registers voor relevante issues en risico's die effect hebben op de projectbeheersing;
- Reviewen van de managementaanpakken om te bepalen welke beheersinstrumenten moeten worden ingericht;
- Bevestigen van de managementfaseovergangen;
- Toewijzen van niveaus van bevoegdheid aan de juiste managementlaag;
- Bevestigen van de toleranties en de escalatieprocedures;
- Overleggen met projectborging om er zeker van te zijn dat de beheersinstrumenten

voldoen aan de behoeften van de stuurgroep en het bedrijfs- of programmamanagement of de klant;
- Actualiseren van de relevante logboeken en registers;
- Goedkeuring vragen aan de stuurgroep.

15.4.5 Opstellen benefitsmanagementaanpak

De business case op hoofdlijnen uit het projectvoorstel moet worden verfijnd met de inschattingen van doorlooptijd, kosten, benefits en risico's. De verfijnde business case heeft de stuurgroep nodig om het project te autoriseren en als basis voor de continue controle op de levensvatbaarheid van het project. Een benefitsmanagementaanpak is nodig om zeker te stellen dat op basis van het op te leveren projectproduct de voorziene uitkomsten en benefits gerealiseerd kunnen worden. De volgende acties worden aanbevolen:
- Reviewen van het projectvoorstel en verzamelen van relevante leerpunten;
- Reviewen van de aanpak hoe op maat te maken en het effect ervan op het benefitsmanagement;
- Opstellen van de benefitsmanagementaanpak en het verfijnen van de business case;
- Overleggen met projectborging om er zeker van te zijn dat de benefitsmanagementaanpak en de verfijnde business case voldoen aan de behoeften van de stuurgroep en het bedrijfs- of programmamanagement of de klant;
- Actualiseren van de relevante logboeken en registers;
- Goedkeuring vragen aan de stuurgroep.

15.4.7 Samenstellen projectinitiatiedocumentatie

Er moet één bron zijn met alle informatie over de fundamenten van het project en de beheersinstrumenten: de projectinitiatiedocumentatie (PID). De inhoud ervan moet door de stuurgroep worden goedgekeurd. De volgende acties worden aanbevolen:
- Samenstellen van de PID op basis van de resultaten van de voorgaande activiteiten in dit proces en de verschillende onderdelen van de PID toetsen op onderlinge consistentie en zo nodig aanpassen;
- Overleggen met projectborging om er zeker van te zijn dat de samengestelde PID voldoet aan de behoeften van de stuurgroep en het bedrijfs- of programmamanagement of de klant;
- Triggeren van het proces managen van een faseovergang met als doel om de eerste uitvoeringsfase te plannen en de initiatiefase te evalueren;
- Goedkeuring vragen aan de stuurgroep en verzoeken om het project te mogen uitvoeren.

15.5 Op maat maken initiëren van een project

Eenvoudig project – De PID bestaat normaal gesproken uit meerdere managementproducten. Voor een eenvoudig project kan ervoor gekozen worden om alle managementaanpakken, het projectplan en de business case in één document vast te leggen. Het issue-, het risico- en het kwaliteitsregister kunnen worden ondergebracht in één spreadsheet met verschillende werkbladen. De business case kan worden samengevoegd met de benefitsmanagementaanpak.

Agile project – Tijdens de initiatie wordt de product owner (te vergelijken met de wijzigingsautoriteit) benoemd. De initiële product backlog (te vergelijken met de projectproductbeschrijving) wordt samengesteld. De road map (te vergelijken met het projectplan) wordt opgesteld met daarin het aantal releases en timeboxes en de teamsamenstelling.

Hoe meer het projectproduct zich nog tijdens het project kan ontwikkelen hoe meer de projectproductbeschrijving zich zal moeten richten op de te realiseren uitkomst en minder op het op te leveren projectproduct.

De mate van onzekerheid bepaalt ook in welke mate agile zal worden gewerkt en bijvoorbeeld ook de lengte van de timeboxes.

Commercieel project – Wanneer een externe leverancier verantwoordelijk wordt voor de levering van het totale projectproduct, dan zal de leverancier de PID gebruiken om de offerte op te stellen voor het totale project.

Project in een programma – Wanneer een project onderdeel is van een programma, dan zullen de managementaanpakken meestal worden bepaald door het programma. De business case van het project is dan vaak onderdeel van of wordt afgeleid van de business case van het programma. Let op: de projectmanager is en blijft echter verantwoordelijk voor de zorg dat het project een solide fundament heeft en dat het project wenselijk, levensvatbaar en realiseerbaar is en blijft.

Hoofdstuk 16
Beheersen van een fase

16.1 Doel

Het doel van het proces beheersen van een fase is om het uit te voeren werk toe te wijzen, de voortgang ervan te bewaken en te rapporteren aan de stuurgroep en corrigerende maatregelen te nemen om ervoor te zorgen dat de managementfase binnen de toleranties blijft.

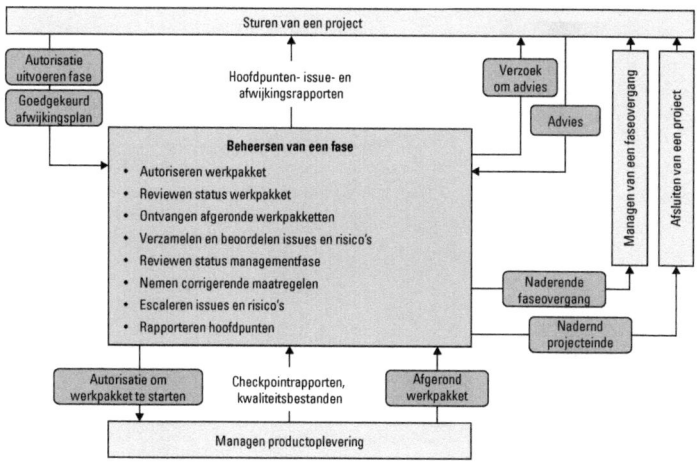

Figuur 16.1 Proces beheersen van een fase

16.2 Doelstelling

De doelstelling van het proces beheersen van een fase is om ervoor te zorgen dat:
- De aandacht gefocust is en blijft op het realiseren van de op te leveren producten;
- Het onbeheerst wijzigen of toevoegen van producten wordt vermeden;
- Risico's en issues worden beheerst;
- De business case wordt bewaakt;
- De producten in de fase binnen de afgesproken toleranties worden opgeleverd en dat zij het realiseren van de gedefinieerde benefits blijven ondersteunen.

16.3 Context

Dit proces beschrijft het dagelijkse management van de projectmanager in de verschillende uitvoeringsfasen. Het proces start na de autorisatie van de fase door de stuurgroep vanuit het proces sturen van een project. Het proces eindigt na het accepteren en aftekenen van het laatste werkpakket, zie figuur 16.01.

Door middel van de activiteit autoriseren werkpakket triggert de projectmanager het proces managen productoplevering. Tussentijds ontvangt de projectmanager van de teammanagers checkpointrapporten en de resultaten van de verschillende kwaliteitsbeoordelingen. Bij opleveren van een werkpakket ontvangt de projectmanager van de betreffende teammanager het afgeronde werkpakket met de ontwikkelde en goedgekeurde producten.

Tegen het einde van een tussenliggende managementfase triggert het proces beheersen van een fase het proces managen van een faseovergang. Tegen het einde van de laatste managementfase triggert het proces beheersen van een fase het proces afsluiten van een project.

In het geval van een langdurige en/of complexe projectinitiatie kan het proces beheersen van een fase ook worden ingezet door de projectmanager om de werkzaamheden van de initiatie met meer beheersing aan te sturen.

16.4 Activiteiten

Het proces beheersen van een fase wordt beschreven vanuit het perspectief van de projectmanager. Het proces bestaat uit activiteiten die te maken hebben met werkpakketten, bewaking en rapportage en issues en risico's.

16.4.1 Autoriseren werkpakket

Het is van belang dat de werkzaamheden worden uitgevoerd met toestemming van de projectmanager maar toch binnen een zekere autonomie van de betreffende teammanagers. Dit is mogelijk door het autoriseren, bewaken en opleveren van het werk op basis van werkpakketten. Gedurende de fase zullen verschillende werkpakketten nodig zijn. De volgende acties worden aanbevolen:
- Het faseplan raadplegen om na te gaan wat de benodigde scope, kosten en toleranties van het uit te voeren werk is;
- De PID raadplegen om na te gaan wat de vereiste projectbeheersing en kwaliteitsstandaarden zijn en hoe de op te leveren producten moeten worden overgedragen;

- Definiëren van de relevante werkpakketten;
- Doornemen en overeenkomen van het werkpakket met de teammanager en daarna het uitvoeren van het werkpakket autoriseren;
- Reviewen van het door de teammanager gemaakte teamplan en indien nodig het faseplan actualiseren;
- Actualiseren van het kwaliteitsregister met de geplande kwaliteitsactiviteiten,
- Actualiseren van het issue- en het risicoregister indien nodig;
- Actualiseren van de eventueel relevante configuratie-itemrecords.

16.4.2 Reviewen status werkpakket

Het is nodig de status van een werkpakket regelmatig te beoordelen. De frequentie ervan wordt vastgelegd en overeengekomen in het werkpakket. De volgende acties worden aanbevolen:
- Verzamelen en beoordelen van de voortgangsinformatie uit het checkpointrapport van de teammanager;
- Actualiseren van het faseplan met de actuele cijfers;
- Actualiseren van het issue- en het risicoregister indien nodig.

16.4.3 Ontvangen afgeronde werkpakketten

Wanneer het werkpakket eenmaal compleet en goedgekeurd is, zal de teammanager dit moeten bevestigen aan de projectmanager. De volgende acties worden aanbevolen:
- Controleren of de teammanager het werkpakket volgens afspraak heeft afgerond en het kwaliteitsregister up-to-date is;
- Verzekeren dat elk product in het werkpakket is goedgekeurd en dat het eventuele configuratie-itemrecord is geactualiseerd;
- Actualiseren van het faseplan met de werkpakketstatus 'compleet'.

16.4.4 Verzamelen en beoordelen issues en risico's

Issues en risico's kunnen op elk moment worden geïdentificeerd. Voordat een besluit kan worden genomen hoe om te gaan met de geïdentificeerde issues en risico's, moeten deze issues en risico's eerst worden vastgelegd en hun impact op het project worden beoordeeld. De volgende acties worden aanbevolen:
- Registreren en beoordelen van issues die informeel kunnen worden afgehandeld in het dagelijks logboek;

- Identificeren, registreren en beoordelen van issues die formeel moeten worden afgehandeld conform de wijzigingsbeheeraanpak;
- Identificeren, registreren en beoordelen van risico's conform de risicomanagementaanpak;
- Reviewen van de status van de fase om na te gaan of het nodig is om corrigerende maatregelen te nemen, advies te vragen of te escaleren naar de stuurgroep.

16.4.5 Reviewen status managementfase

Om een managementfase beheerst te laten verlopen, moet regelmatig de status van het werk worden beoordeeld ten opzichte van het goedgekeurde faseplan. De volgende acties worden aanbevolen:
- Beoordelen van de voortgang van het werk door het controleren van de checkpointrapporten, prognoses, actuele cijfers, kwaliteitsissues, het risicoregister, de status van eventuele corrigerende maatregelen en de beschikbaarheid van mensen en middelen;
- Beslissen of er acties nodig zijn zoals een nieuw werkpakket autoriseren, hoofdpunten rapporteren, escaleren van issues of risico's, nemen van corrigerende maatregelen, vragen van advies aan de stuurgroep of het registreren van leerpunten;
- Actualiseren van het faseplan, het issue- en het risicoregister en het beoordelen van leerpunten;
- Opvragen van een productstatusoverzicht van de producten die kunnen worden overgedragen. Controleren of de producten op de juiste wijze zijn goedgekeurd en of de gebruikers en beheerders klaar zijn om de producten over te nemen. En tenslotte het overdragen van de betreffende producten;
- Triggeren van het proces managen van een faseovergang indien het einde van een tussentijdse fase nadert;
- Triggeren van het proces afsluiten van een project indien het einde van de laatste fase nadert.

16.4.6 Nemen corrigerende maatregelen

De bedoeling van deze activiteit is om afwijkingen van het faseplan binnen de toleranties op te lossen. Het wordt meestal getriggerd door de activiteit reviewen status managementfase. Hier gaat het met name om het afhandelen van adviezen van de stuurgroep, het afhandelen van issues en het nemen van risicomaatregelen. De volgende acties worden aanbevolen:
- Verzamelen van alle relevante informatie over de afwijking;
- Identificeren van opties hoe met de afwijking om te gaan en het selecteren van de beste optie;

- Autoriseren of actualiseren van een werkpakket;
- Actualiseren van de eventueel relevante configuratie-itemrecords;
- Actualiseren van het issue- en het risicoregister met de wijzigingen die voortkomen uit de corrigerende maatregelen;
- Actualiseren van het huidige faseplan met de actuele cijfers.

16.4.7 Escaleren issues en risico's

Er kunnen issues en risico's zijn geïdentificeerd waarvan verwacht wordt dat de overeengekomen toleranties worden overschreden. De volgende acties worden dan aanbevolen:
- Raadplegen van het fase- en projectplan om na te gaan wat er zou gebeuren als niet zou worden ingegrepen;
- Definiëren van hersteloptjes en het beoordelen van de gevolgen hiervan voor het huidige fase- en projectplan en de business case;
- Omschrijven van de situatie, oorzaak, mogelijke gevolgen, hersteloptjes en aanbevolen maatregel(en) in een afwijkingsrapport en dit rapporteren aan de stuurgroep (eerst mondeling, daarna het schriftelijke rapport).

16.4.8 Rapporteren hoofdpunten

De projectmanager moet met regelmaat de stuurgroep en andere stakeholders informeren over de voortgang van de fase en van het project. De volgende acties worden aanbevolen:
- Verzamelen van noodzakelijke informatie uit de checkpointrapporten, het issue-, het risico- en het kwaliteitsregister, het leerpuntenlogboek, het productstatusoverzicht en de relevante aanpassingen van het faseplan voor de huidige rapportageperiode;
- Verzamelen van corrigerende maatregelen die tijdens de rapportageperiode zijn genomen;
- Beoordelen van het hoofdpuntenrapport van de vorige rapportageperiode;
- Opstellen van het hoofdpuntenrapport voor de huidige rapportageperiode;
- Verspreiden van het rapport aan de stuurgroep en andere belanghebbenden conform de communicatiemanagementaanpak.

16.5 Op maat maken beheersen van een fase

Eenvoudig project – Als de projectmanager ook de rol van teammanager vervult, kunnen nog steeds werkpakketten worden opgesteld om het werk van de individuele teamleden te definiëren en beheersen. Hoofdpuntenrapporten kunnen zijn gegeven via een eenvoudig e-mail of in een PowerPointpresentatie.

Agile project – Wanneer agile wordt gewerkt, is een faciliterende stijl van leidinggeven nodig en moet er een sfeer zijn waarin veranderingen en samenwerking worden omarmd. Door het werk te prioriteren ontstaat er een tolerantie voor scope en kwaliteit. De taakstellingen voor tijd en kosten liggen vast.

Het werk nodig om een werkpakket uit te voeren, kan één of meer timeboxes omvatten. Het werk dat tijdens een timebox moet worden uitgevoerd wordt door de product owner met het team besproken aan het begin van iedere timebox. De voortgangrapportages zijn gekoppeld aan de close-out op het eind van iedere timebox. Tussentijds is de voortgang zichtbaar op het teambord.

Commercieel project – Als werk in een project door een derde partij wordt uitgevoerd, kan een werkpakket bestaan uit een wettelijk bindende overeenkomst. Teamplannen kunnen 'verborgen' blijven als dat contractueel zo wordt afgesproken. Wel is het belangrijk dat de checkpointrapporten genoeg informatie bevatten om het werk op een efficiënte en effectieve manier vanuit de positie van de projectmanager te kunnen beheersen.

Project in een programma – Escalatieprocedures moeten worden afgestemd op wat hierover is afgesproken in het programma. Hoofdpuntenrapporten moeten ook worden verstuurd naar het programmabureau. Het programmabureau vervult tevens de rol van projectborging voor de onderliggende projecten in het programma.

Hoofdstuk 17
Managen productoplevering

17.1 Doel

Het doel van het proces managen productoplevering is om de schakel tussen de projectmanager en de teammanager te beheersen door eisen te stellen aan het accepteren, uitvoeren en opleveren van het uit te voeren werk.

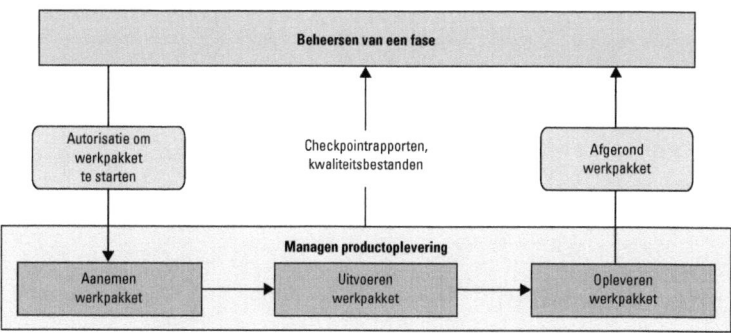

Figuur 17.1 Proces managen productoplevering (gebaseerd op AXELOS PRINCE2 materiaal)

17.2 Doelstelling

De doelstelling van managen productoplevering is om ervoor te zorgen dat:
- Werkzaamheden die aan het team worden toegewezen, geautoriseerd en geaccepteerd zijn;
- Het team duidelijk is wat moet worden opgeleverd binnen welke tijd, met welke inzet en tegen welke kosten;
- Accurate en voldoende voortgangsinformatie in een afgesproken frequentie aan de projectmanager wordt gerapporteerd.

17.3 Context

Dit proces beschrijft het project vanuit het perspectief van de teammanager. Het proces wordt getriggerd door het autoriseren van een werkpakket door de projectmanager. Het proces eindigt als de teammanager het werkpakket heeft opgeleverd en de projectmanager de afronding van het werkpakket heeft bevestigd, zie figuur 17.01.

De teammanager zorgt ervoor dat de werkpakketten door het team worden uitgevoerd en opgeleverd door middel van het:
- Controleren en accepteren van het geautoriseerde werkpakket;
- Opstellen of actualiseren van het teamplan voor het betreffende werkpakket. Het teamplan kan al zijn opgesteld door de teammanager tijdens het proces managen van een faseovergang, als de projectmanager het faseplan opstelt;
- Ervoor zorgen dat de producten op de afgesproken wijze worden gerealiseerd;
- Aantonen dat elk product aan de kwaliteitscriteria voldoet;
- Verkrijgen van goedkeuring voor afgeronde producten door de bevoegde personen zoals overeengekomen in de productbeschrijvingen;
- Opleveren van de producten aan de projectmanager volgens de procedures zoals overeengekomen in het werkpakket.

17.4 Activiteiten

17.4.1 Aannemen werkpakket

Er dient overeenstemming te zijn tussen de teammanager en de projectmanager over de inhoud van het werk dat gedaan moet worden. De volgende acties worden aanbevolen:
- Beoordelen van het werkpakket, afspreken wat er moet worden opgeleverd, afspraken maken over beperkingen, toleranties, rapportages, et cetera en bevestigen hoe de projectmanager over de oplevering van het afgeronde werkpakket zal worden geïnformeerd;
- Opstellen van een teamplan waaruit blijkt dat het werkpakket binnen de gegeven beperkingen kan worden opgeleverd;
- Beoordelen van eventuele risico's aan de hand van het teamplan en hierover adviseren aan de projectmanager;
- Overleggen met projectborging of er extra reviewers nodig zijn voor de op te leveren producten en zo nodig het kwaliteitsregister daarop aanpassen;
- Overeenkomen dat het werkpakket geleverd wordt.

17.4.2 Uitvoeren werkpakket

Wanneer het werkpakket wordt uitgevoerd, zorgt de teammanager ervoor dat producten worden gereviewd, de voortgang wordt gerapporteerd en indien nodig eventuele risico's en issues worden geëscaleerd naar de projectmanager. De volgende acties worden aanbevolen:
- Leidinggeven aan de ontwikkeling van de op te leveren producten conform de afgesproken kwaliteitscriteria, vereiste technieken, processen en procedures en vastgestelde interfaces;
- Informeren van de projectmanager over nieuwe issues, risico's en leerpunten;
- Laten reviewen van en het verkrijgen van goedkeuring voor de afgeronde producten en het actualiseren van het kwaliteitsregister en de eventueel relevante configuratieitemrecords;
- Beoordelen en rapporteren van de status van het werkpakket aan de projectmanager via checkpointrapporten, actualiseren van het teamplan met de actuele cijfers en escaleren via een issue als de overeengekomen werkpakkettoleranties dreigen te worden overschreden.

17.4.3 Opleveren werkpakket

De teammanager moet bij afronding van het werkpakket de projectmanager hierover informeren. De volgende acties worden aanbevolen:
- Beoordelen van het kwaliteitsregister en toetsen of alle kwaliteitsacties zijn uitgevoerd;
- Beoordelen van de goedkeuringsbestanden om na te gaan of ook alle afgesproken producten zijn goedgekeurd;
- Actualiseren van het teamplan, opleveren van de producten en informeren van de projectmanager over de afronding van het werkpakket.

17.5 Op maat maken managen productoplevering

Eenvoudig project – In het geval van een eenvoudig project kan de teammanager volstaan met mondelinge checkpoints en de voortgang bijhouden in het dagelijks logboek.

Als de projectmanager ook de rol van teammanager op zich neemt, hoeven er geen afzonderlijke checkpointrapporten te worden gemaakt omdat dan de rapportage over de voortgang van de individuele teamleden afkomstig is.

Agile project – De teammanager (vergelijkbaar met de Scrum master) heeft in een agile project een faciliterende rol. De acceptatie, uitvoering en oplevering van een werkpakket wordt door het team zelforganiserend opgepakt. Het teamplan (vergelijkbaar met timeboxplan of sprintplan) wordt door het team zelf opgesteld en overeengekomen met de product owner.

De voortgang van het werk wordt bewaakt tijdens daily stand-ups. Risico's en issues die het team niet kan oplossen, worden als 'impediments' door de Scrum master opgepakt. Impediments die de Scrum master niet binnen 24 uur kan oplossen, escaleert hij naar de projectmanager voor opvolging. De status van het werkpakket is voortdurend zichtbaar via het teambord.

Commercieel project – Het werkpakket en de afspraken over bewaking en rapportage vormen onderdeel van het contract. Projectborging vanuit leveranciersperspectief zorgen ervoor dat de teamplannen conform de contractuele verplichtingen zijn opgesteld.

Project in een programma – Een programma heeft geen directe verbinding met het proces managen productoplevering, dus wordt er ook geen directe impact vanuit het programma op dit proces verwacht. Wel kunnen werkwijzen via het proces beheersen van een fase worden opgelegd aan de uitvoering van de werkpakketten en kunnen leerpunten uit werkpakketten via het proces beheersen van een fase worden meegenomen in de rest van het programma.

Hoofdstuk 18
Managen van een faseovergang

18.1 Doel

Het doel van het proces managen van een faseovergang is om de projectmanager in staat te stellen de stuurgroep van voldoende informatie te voorzien, zodat de stuurgroep het succes van de huidige fase en het geactualiseerde projectplan kan beoordelen, de bijgewerkte business case kan bevestigen en het afwijkingsplan of volgende faseplan kan autoriseren.

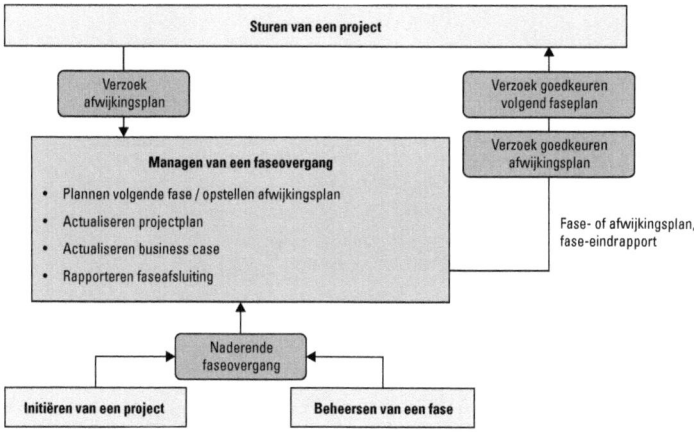

Figuur 18.1 Proces managen van een faseovergang

18.2 Doelstelling

De doelstelling van het proces managen van een faseovergang is om ervoor te zorgen dat:
- De stuurgroep ervan verzekerd is dat de producten in de huidige fase zijn afgerond en goedgekeurd;
- Het afwijkingsplan of volgende faseplan opgesteld wordt;
- De projectinitiatiedocumentatie wordt beoordeeld en indien nodig geactualiseerd;
- De informatie aan de stuurgroep wordt verstrekt, die de stuurgroep nodig heeft om de voortdurende levensvatbaarheid van het project te beoordelen;

- Eventuele leerpunten die van toepassing kunnen zijn voor volgende fasen of andere projecten worden geregistreerd en gerapporteerd;
- Er autorisatie wordt gevraagd aan de stuurgroep voor de uitvoering van de volgende fase of het afwijkingsplan.

18.3 Context

Dit proces wordt getriggerd door:
- Het proces initiëren van een project na de activiteit samenstellen projectinitiatiedocumentatie;
- Het proces beheersen van een fase zodra de faseovergang van een tussentijdse fase nabij is;
- Het proces sturen van een project met het verzoek van de stuurgroep om een afwijkingsplan op te stellen.

Aan het einde van de initiatiefase omvat het proces managen van een faseovergang alleen de activiteiten plannen volgende fase en rapporteren faseafsluiting.

Het proces eindigt met een verzoek van de projectmanager aan de stuurgroep om het volgende faseplan of het afwijkingsplan goed te keuren, zie figuur 18.01.

18.4 Activiteiten

18.4.1 Plannen volgende fase

Tegen het einde van de huidige fase stelt de projectmanager in overleg met de stuurgroep, projectborging, teammanagers en andere stakeholders het volgende faseplan op. In het laatste faseplan worden de activiteiten voor de projectafsluiting meegenomen. De volgende acties worden aanbevolen:
- Beoordelen van de projectinitiatiedocumentatie of er onderdelen moeten worden geactualiseerd;
- Opstellen volgende faseplan inclusief de beoordeling van het projectplan, de kwaliteitsmanagementaanpak en het issue- en het risicoregister;
- Opstellen of actualiseren van de productdecompositiestructuur, de productbeschrijvingen en het productstroomschema voor de volgende fase;
- Actualiseren van het kwaliteitsregister met geplande kwaliteitsactiviteiten;
- Opstellen of actualiseren van de eventueel relevante configuratie-itemrecords;
- Actualiseren van het issue- en het risicoregister indien nodig.

18.4.2 Actualiseren projectplan

Het projectplan moet geactualiseerd worden met de cijfers van de huidige fase en de prognoses van de volgende fase. De volgende acties worden aanbevolen:
- Controleren of het huidige faseplan up-to-date is;
- Actualiseren van het projectplan door de volgende zaken op te nemen: de voortgang van de huidige fase, de prognoses voor de volgende fase, eventuele wijzigingen in de projectproductbeschrijving, gevolgen van issues en risico's, gewijzigde of extra producten die door de stuurgroep worden vereist en wijzigingen in de projectinitiatiedocumentatie;
- Actualiseren van het issue- en het risicoregister indien nodig.

18.4.3 Actualiseren business case

Voordat de stuurgroep het afwijkingsplan of volgende faseplan goedkeurt, zal het eerst overtuigd moeten zijn dat het project nog steeds wenselijk, levensvatbaar en realiseerbaar is. Daarom moet de business case geactualiseerd worden met de nieuwe inzichten in kosten, einddata en benefits. De volgende acties worden aanbevolen:
- Raadplegen van het projectplan om na te gaan of einddata en/of kosten zijn gewijzigd die mogelijk de kosten-batenanalyse kunnen beïnvloeden;
- Beoordelen van goedgekeurde wijzigingen en andere issues die de benefits kunnen beïnvloeden;
- Beoordelen van de belangrijkste risico's die de business case kunnen beïnvloeden, beoordelen van de geaggregeerde risicoblootstelling en controleren of risicotoleranties moeten worden bijgesteld;
- Actualiseren van de benefitsmanagementaanpak met de eventuele benefitmanagementacties die tijdens de afgelopen fase zijn uitgevoerd;
- Actualiseren van de business case en de benefitsmanagementaanpak;
- Actualiseren van het issue- en het risicoregister indien nodig.

18.4.4 Rapporteren faseafsluiting

Deze activiteit vindt zo dicht mogelijk plaats tegen het einde van de fase of als de stuurgroep een verzoek doet om een afwijkingsplan op te stellen. De volgende acties worden aanbevolen:
- Beoordelen van de geactualiseerde business case en met name ten aanzien van benefits die eventueel al zijn gerealiseerd;
- Beoordelen van het afgelopen faseplan, de teamprestaties, de productprestaties en de geëscaleerde issues en risico's;

- Opstellen van het fase-eindrapport en nagaan aan wie een exemplaar moet worden toegezonden volgens de communicatiemanagementaanpak.

18.4.5 Opstellen afwijkingsplan

Deze activiteit wordt getriggerd door een verzoek van de stuurgroep daartoe. De stuurgroep verzoekt een afwijkingsplan in antwoord op een door de projectmanager geëscaleerd afwijkingsrapport. De volgende acties worden aanbevolen:
- Vastleggen van het verzoek van de stuurgroep om een afwijkingsplan op te stellen als een issue in het issueregister;
- Beoordelen en indien nodig actualiseren van de PID;
- Raadplegen van het faseplan voor het vaststellen van te realiseren producten;
- Raadplegen van het afwijkingsrapport voor details over de aanbevolen hersteloptie;
- Actualiseren van de productdecompositiestructuur, de productbeschrijvingen en het productstroomschema met eventuele nieuwe producten;
- Raadplegen van de kwaliteitsmanagementaanpak als er nieuwe producten moeten worden gerealiseerd;
- Opstellen van het afwijkingsplan;
- Actualiseren van het kwaliteitsregister met geplande kwaliteitsactiviteiten;
- Opstellen of actualiseren van de eventueel relevante configuratie-itemrecords;
- Actualiseren van het issue- en het risicoregister indien nodig.

18.5 Op maat maken managen van een faseovergang

Eenvoudig project – In een eenvoudig project is er meestal slechts één uitvoeringsfase. Het proces managen van een faseovergang zal dan alleen gebruikt worden om aan het einde van de initiatiefase het fase-eindrapport en het volgende faseplan op te stellen of om na een afwijking gedurende de uitvoeringsfase een afwijkingsplan op te stellen.

Als er slechts één uitvoeringsfase is, dan kan het bijbehorende faseplan opgenomen worden in het projectplan, als het projectplan voldoende details bevat.

Agile project – Wanneer men een agile aanpak verkiest, markeert het einde van een release vaak ook het einde van een managementfase. In dat geval zou het proces managen van een faseovergang het volgende inhouden: bevestigen van de resultaten tot zover, een beoordeling van de levensvatbaarheid van het project en het prioriteren van de te ontwikkelen functionaliteiten in de volgende release.

Commercieel project – Als het project in zijn geheel door een externe leverancier wordt uitgevoerd, zullen tijdens de processen managen van een faseovergang de opeenvolgende fasecontracten, als onderdeel van het raamcontract, worden opgesteld.

Project in een programma – Als het project onderdeel is van een programma, zullen de faseovergangen uitgelijnd dienen te zijn met de plateau-overgangen in het programma en zal het besluit om door te gaan met de volgende fase bekrachtigd moeten worden door het programmamanagement.

Hoofdstuk 19
Afsluiten van een project

19.1 Doel

Het doel van het proces afsluiten van een project is het creëren van een eenduidig moment waarop de acceptatie van het projectproduct wordt bevestigd en om na te gaan dat de doelstellingen uit de originele PID en alle daarna goedgekeurde wijzigingen zijn gerealiseerd, of dat het project niets meer kan bijdragen.

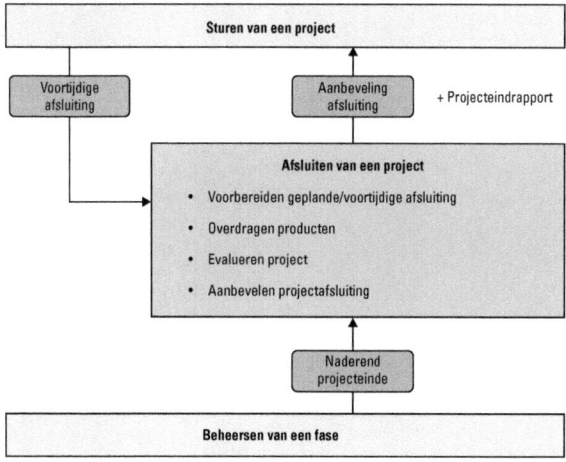

Figuur 19.1 Proces afsluiten van een project

19.2 Doelstelling

De doelstelling van het proces afsluiten van een project is om ervoor te zorgen dat:
- De gebruikersacceptatie van het projectproduct is geverifieerd;
- De organisatie in staat is om de producten te onderhouden;
- De prestaties van het project met de baselines worden vergeleken;
- Eventueel gerealiseerde benefits worden beoordeeld en dat de benefitsmanagementaanpak is geactualiseerd;

- Maatregelen voor alle nog openstaande issues en risico's worden opgenomen in de aanbevelingen voor vervolgacties.

19.3 Context

Een duidelijk eind aan een project is altijd beter dan een langzame overgang naar operationeel gebruik, omdat bij de overdracht van het projectproduct de verantwoordelijkheid van het projectmanagementteam eindigt en kosten niet meer ten laste van het project gebracht kunnen worden.

Het proces afsluiten van een project wordt getriggerd door het proces beheersen van een fase wanneer het einde van de laatste fase in zicht is, of door de stuurgroep die vanuit het proces sturen van een project een voortijdige afsluiting opdraagt, zie figuur 19.1.

19.4 Activiteiten

19.4 1 Voorbereiden geplande afsluiting

Voordat afsluiting kan worden aanbevolen, moet de projectmanager ervoor zorgen dat de verwachte resultaten allemaal zijn behaald en opgeleverd. De volgende acties worden aanbevolen:
- Actualiseren van het projectplan met de laatste stand van zaken;
- Verzoeken om een projectstatusoverzicht aan projectsupport om te bevestigen dat het project het projectproduct volgens de afspraak heeft opgeleverd en dat aan de acceptatiecriteria zijn voldaan;
- Verkrijgen van goedkeuring om het bedrijfs- of programmamanagement of de klant ervan op de hoogte te brengen dat de mensen en middelen kunnen worden vrijgegeven

19.4.2 Voorbereiden voortijdige afsluiting

In situaties waar de stuurgroep de projectmanager opdraagt het project voortijdig af te sluiten, zorgt de projectmanager ervoor dat de werkzaamheden niet zomaar worden gestopt, maar dat het project alles van waarde overdraagt en dat essentiële zaken die nog ontbreken als gevolg van het voortijdig sluiten van het project aan het bedrijfs- of programmamanagement of de klant worden geëscaleerd. De volgende acties worden aanbevolen:
- Actualiseren van het issueregister met het issue over de voortijdige afsluiting;
- Actualiseren van het projectplan met de laatste stand van zaken;
- Verzoeken om een productstatusoverzicht aan projectsupport en vaststellen van de status van de producten;

- Afspreken hoe de afgeronde en onderhanden producten zullen worden overgedragen aan het bedrijfs- of programmamanagement of de klant. Dit kan extra werk inhouden om producten die zinvol zijn voor andere projecten veilig te stellen of af te ronden;
- Verkrijgen van goedkeuring om het bedrijfs- of programmamanagement of de klant ervan op de hoogte te brengen dat de mensen en middelen vroegtijdig kunnen worden vrijgegeven.

19.4.3 Overdragen producten

De producten van het project worden, voordat het project wordt afgesloten, aan de beheer- en onderhoudsorganisatie overgedragen. Dit kan aan het eind van het project in één keer gebeuren of via een gefaseerde oplevering in een aantal releases. De volgende acties worden aanbevolen:
- Raadplegen van de PID om na te gaan hoe producten overgedragen moeten worden;
- Bevestigen van acceptatie door de gebruiker en door beheer en onderhoud;
- Bevestigen dat de beheer- en onderhoudsomgeving er klaar voor is om de over te dragen producten in beheer te nemen;
- Zorgen dat het projectproduct wordt overgedragen aan de klant;
- Actualiseren van de eventueel relevante configuratie-itemrecords;
- Opstellen van de aanbevelingen voor vervolgacties, waaronder niet afgerond werk en openstaande issues en risico's;
- Actualiseren van de benefitsmanagementaanpak met de eventuele benefitmanagement-acties die tijdens de afgelopen fase zijn uitgevoerd en met de planning van de benefit-reviews die na het project nog moeten worden uitgevoerd.

19.4.4 Evalueren project

Succesvolle organisaties leren van hun projectervaringen. Daarom is het nodig om te zien hoe succesvol het project is geweest en welke verbeteringen toekomstige projecten kunnen helpen. De volgende acties worden aanbevolen:
- Beoordelen van het eindresultaat ten opzichte van de oorspronkelijke projectinitiatie-documentatie en de goedgekeurde wijzigingen en het opstellen van het projecteindrapport;
- Actualiseren van de business case met de actuele stand van zaken en de tot dusver gerealiseerde benefits;
- Opstellen van het leerpuntenrapport en opnemen in het projecteindrapport met de leerpunten die zinvol kunnen zijn voor toekomstige projecten.

19.4.5 Aanbevelen projectafsluiting

Een aanbeveling tot afsluiting zal worden ingediend bij de stuurgroep, zodra de projectmanager de zekerheid heeft dat het project kan worden afgesloten. De volgende acties worden aanbevolen:
- Raadplegen van de communicatiemanagementaanpak of er belanghebbenden zijn die moeten worden geïnformeerd dat het project wordt afgesloten;
- Opschonen en archiveren van de projectinformatie om een toekomstige audit mogelijk te maken van de prestaties, acties en beslissingen van het projectmanagementteam;
- Opstellen van een concept aankondiging van projectafsluiting waarin gemeld wordt dat het project is afgesloten en dit naar de opdrachtgever sturen voor ondertekening.

19.5 Op maat maken afsluiten van een project

Eenvoudig project – In een eenvoudig project kunnen de activiteiten van de projectafsluiting plaatsvinden in een enkele bijeenkomst. De overdracht van het projectproduct hoeft daarbij niet apart te zijn vastgelegd.

Agile project – Wanneer een agile aanpak is gebruikt, zullen delen van de producten al in eerdere timeboxes of releases zijn overgedragen. Daardoor kan het proces afsluiten van een project kort duren en weinig inzet vragen.

Commercieel project – In een commercieel project kan een aparte onderhouds- of garantieperiode onderdeel zijn van het projectcontract na overdracht van het projectproduct.

Project in een programma – Wanneer het project onderdeel is van een programma zal het beoordelen en realiseren van benefits onderdeel zijn van de werkzaamheden van het programma.

DEEL IV
OP MAAT MAKEN EN VERANKEREN

Hoofdstuk 20
Inleiding op maat maken en verankeren van PRINCE2

Het zevende PRINCE2-principe vereist dat de methode op maat gemaakt dient te worden voor ieder project en iedere projectomgeving. Indien PRINCE2 niet op maat wordt gemaakt voor een project, is het onwaarschijnlijk dat deze methode tegemoetkomt aan alle behoeften van het project.

Het op maat maken voor een project en voor een projectomgeving moet ook gebeuren, als de organisatie al een eigen projectmanagementstandaard heeft ontwikkeld die is afgeleid van PRINCE2.

Het op basis van PRINCE2 definiëren van een projectmanagementstandaard voor de eigen organisatie, wordt verankeren van PRINCE2 genoemd.

20.1   Op maat maken van PRINCE2

Het op maat maken van PRINCE2 voor een individueel project omvat het aanpassen van de thema's en de processen om aan te sluiten op de specifieke projectomstandigheden. Dit kan omvatten het benoemen van specifieke verantwoordelijkheden, het aanpassen en/of combineren van managementproducten en het herzien van processen zodat zij geschikt zijn voor het specifieke project.

20.2   Verankeren van PRINCE2

In een organisatie waar regelmatig projecten worden gemanaged, is het zinvol om PRINCE2 als projectmanagementstandaard te verankeren in de organisatie. Zo'n gestandaardiseerde aanpak is aangepast aan de eigen behoefte om aan te sluiten op de typische kenmerken van de projecten die doorgaans in de organisatie worden uitgevoerd en op de interne processen en procedures van de organisatie. Meestal bevat deze standaard ook de te gebruiken applicaties en technieken ter ondersteuning van het projectmanagement.

Tabel 20.01 beschrijft de belangrijkste aandachtsgebieden voor het op maat maken van PRINCE2 en het verankeren van PRINCE2 als organisatiestandaard.

Tabel 20.01 Op maat maken en verankeren van PRINCE2

Tailoring to a project	Quality assurance
Het op maat maken van PRINCE2 voor een individueel project om aan te sluiten op specifieke omstandigheden. **Aandacht voor:** • Aanpassen aanpakken en beheersinstrumenten van de verschillende thema's • Aanpassen termen en overnemen specifiek jargon • Aanpassen productbeschrijvingen voor managementproducten • Aanpassen rolbeschrijvingen • Aanpassen processen Door de projectmanager	Verankeren van PRINCE2 als de standaard projectmanagementmethode in een organisatie. **Aandacht voor:** • Aanpassen aan wet- en regelgeving • Integratie met bestaande bedrijfsprocessen • Borgen processen en procedures • Eigen indelingen voor de schalen van issues en risico's • Voorschrijven definities en sjablonen • Voorschrijven tools, technieken en applicaties • Ontwikkeling en training projectbetrokkenen in de standaard Door de proceseigenaar of procesmanager in de organisatie

Hoofdstuk 21
Op maat maken van PRINCE2

Het doel van het op maat maken van PRINCE2 voor het specifieke project is om de methodiek geschikt te maken voor de kenmerken en omstandigheden van dat project. Dit verhoogt de effectiviteit van de methode en voorkomt onnodige bureaucratie.

Als de organisatie zich (nog) geen eigen projectmanagementmethode heeft, dan is het direct op maat maken van de PRINCE2-methode dé manier om aan te sluiten op de behoeften van het project. Indien de organisatie een eigen projectmanagementstandaard heeft, moet deze standaard op maat worden gemaakt voor het specifieke project.

21.1 Onderdelen van het op maat maken

PRINCE2-aspecten die op maat gemaakt kunnen worden:
- **Processen** – kunnen gecombineerd of aangepast worden, echter niet worden weggelaten. De PRINCE2-principes en het doel en de doelstelling van het proces moeten daarbij gerespecteerd blijven.
- **Thema's** – kunnen meer of minder uitvoerig worden gebruikt, vaak gebruik makend van voor het project geschikte applicaties en technieken. De minimale vereisten per thema moeten daarbij gerespecteerd worden.
- **Rollen** – kunnen opgesplitst of gecombineerd worden zolang er geen belangenverstrengeling mee gepaard gaat en zolang de beperkingen voor het combineren van rollen gerespecteerd worden.
- **Managementproducten** – kunnen opgesplitst of gecombineerd worden om aan de behoeften van het project tegemoet te komen. De samenstelling van managementproducten kan herzien worden. Sommige managementproducten kunnen weggelaten worden als er geen noodzaak is om er het project mee te beheersen.
- **Terminologie** – kan aangepast worden aan de gebruikelijke terminologie van de organisatie, zo lang dat op een consistente manier gebeurt en niet leidt tot verwarring.

De PRINCE2-principes kunnen niet op maat gemaakt worden omdat de principes universeel zijn en altijd voor elk project van toepassing zijn. Als een project een van de PRINCE2-principes weglaat, kan het om die reden geen PRINCE2-project meer genoemd worden.

De wijze waarop PRINCE2 op maat wordt gemaakt, hangt af van de eigenschappen en de omgeving van het project. Van belang hierbij is de grootte en complexiteit van het project, in hoeverre het project een waterval- of agile-aanpak gebruikt, in hoeverre gebruik wordt gemaakt van externe partijen en in hoeverre het project zelfstandig is of onderdeel uitmaakt van een programma of een portfolio.

Het is de verantwoordelijkheid van de projectmanager om PRINCE2 op maat te maken. Hoe de methode op maat is gemaakt, wordt vastgelegd in de PID en wordt beoordeeld en goedgekeurd door de stuurgroep.

21.2 Complexiteit van het project

De verschillende manieren om een project op maat te maken hangt af van onder andere de grootte, de complexiteit, het belang, de zichtbaarheid van het project, zie tabel 21.1.

Tabel 21.1 Projecten met verschillende vormen van complexiteit

Complexiteit	Kenmerken	Toepassen van PRINCE2
Hoog	**Programma:** • Transformatie van het bedrijf	• Dit is **geen** project • 'Managing Successful Programmes'
↑	**Project met hoge complexiteit:** • Zeer riskant, hoge kosten • Heel belangrijk en zichtbaar • Meer partijen en organisaties betrokken • Internationaal	• Meer dan één uitvoeringsfase • Uitgebreide stuurgroep • Separate teammanagers • Eigen projectsupport • Separate managementproducten
	Normaal/gemiddeld project: • Risico, kosten, belang en zichtbaarheid op gemiddeld niveau • Klant of leverancier is extern • Meer dan één werklocatie	• Eén of meer uitvoeringsfase(n) • Standaard samenstelling stuurgroep • Separate teammanagers • Projectsupport is optioneel • Sommige managementproducten worden gecombineerd
	Eenvoudig project: • Risico, kosten, belang en zichtbaarheid laag • Eén organisatie betrokken • Eén werklocatie	• Eén uitvoeringsfase • Eenvoudige samenstelling stuurgroep • Eén team; geen separate teammanagers en projectsupport • Managementproducten worden gecombineerd
↓ Laag	**Taak:** • Onderdeel dagelijkse bedrijfsvoering • Gefinancierd vanuit operationeel budget • Onmiddellijke rechtvaardiging	• Dit is **geen** project: • Geen stuurgroep. • Combineren van opstarten en initiëren van een project • Projectmanager zal ook specialistenwerk uitvoeren

Bedrijfstransformaties kunnen het beste als een programma worden gemanaged met gebruik van de methode 'Managing Successful Programmes' (MSP). Opdrachten in de dagelijkse bedrijfsvoering zullen meestal als een taak worden uitgevoerd.

Meestal zal het gebruik van PRINCE2 de hoeveelheid aan het project gerelateerde risico verminderen. Echter indien het op maat maken niet aan de behoeften van het project tegemoetkomt, kunnen de risico's juist weer toenemen.

21.3 Kleinschalige projecten

Kleinschalige projecten hebben doorgaans één uitvoeringsfase. Het projectplan als onderdeel van de PID biedt meestal voldoende beheersing waardoor een apart faseplan voor de uitvoeringsfase niet nodig is. Het proces managen van een faseovergang speelt in een dergelijk project daarom nauwelijks een rol.

De processen opstarten van een project en initiëren van een project kunnen worden gecombineerd, zie figuur 21.01. In het geval van een zéér eenvoudig project kunnen deze twee processen zelfs in één bijeenkomst afgehandeld worden.

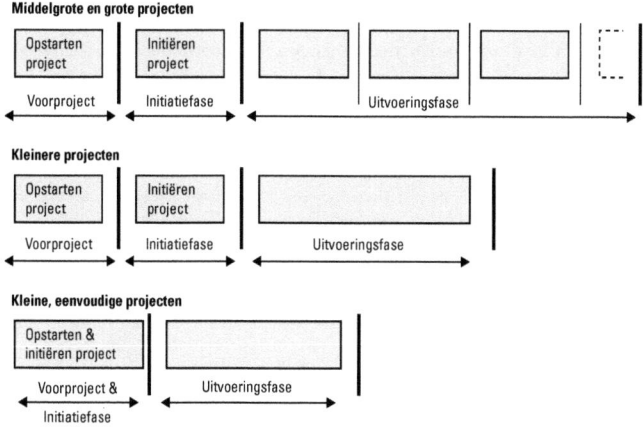

Figuur 21.01 Fasering projecten

PRINCE2 voorziet in een relatief groot aantal managementproducten. Indien het projectmanagementteam in een klein project alle managementproducten gebruikt, zal men er meer last dan lust van hebben, omdat de hoeveelheid tijd die het kost deze managementproducten allemaal op te stellen, het management afleidt van waar het eigenlijk om draait; namelijk het leiden en beheersen van het project.

In zulke situaties wordt de methode vaak de zwarte piet toegeschoven, terwijl het pijnpunt hier is, dat de methode niet goed is toegesneden op het project. Daarom is het op maat maken zo belangrijk, zeker voor kleine projecten.

De organisatie van kleinschalige projecten bevat meestal één enkel opleverteam, waarbij de projectmanager ook verantwoordelijk is voor het uitvoeren van een deel van het specialistenwerk. Een reëel risico hierbij is dat de projectmanager het overzicht verliest en ook dat de projectmanager het werk van de teamleden belemmert waardoor zij zich ook niet volledig verantwoordelijk voelen. Dit laatste zal zeker gebeuren als de teamleden wel over de juiste specialistische vaardigheden beschikken, maar niet voldoende verantwoordelijkheden en bevoegdheden krijgen.

21.4 Agile projecten

Agile projecten kennen zelfsturende teams die functionaliteiten ontwikkelen en opleveren in timeboxes. De hoogste prioriteit is het tevredenstellen van de klant. Agile waardeert mensen en hun samenwerking meer dan processen, werkende functionaliteit meer dan uitvoerige documentatie en inspelen op verandering meer dan het volgen van een plan. Aan het einde van een timebox worden de functionaliteiten/producten geïnspecteerd en zo mogelijk overgedragen en wordt de samenwerking en de teamperformance geëvalueerd in een retrospective.

Dit komt volledig overeen met de PRINCE2-principes voortdurende zakelijke rechtvaardiging, leren van ervaring, managen per fase, manage by exception en productgerichte aanpak.

Het PRINCE2-principe voortdurende zakelijke rechtvaardiging stelt dat de waarde voor de klant leidend is voor ieder project. Leren van ervaringen benadrukt dat een evaluatie niet enkel aan het einde van het project plaatsvindt maar bij elke belangrijke mijlpaal. Managen per fase houdt de mogelijkheid in om release- of fasegewijs op te leveren en te sturen. Managen by exception bestaat uit het delegeren van voldoende bevoegdheid en verantwoordelijkheid aan teams of teammanagers zodat zij (binnen grenzen) zelfsturend kunnen werken. De productgerichte aanpak geeft aan dat focus op producten belangrijker is dan focus op activiteiten. Productbeschrijvingen hebben hetzelfde doel als user stories en de bijbehorende definitions of done.

21.5 Commercieel project

In een commerciële omgeving kunnen externe partijen verantwoordelijk zijn voor het opleveren van een enkel werkpakket tot het opleveren van het totale projectproduct. Wanneer een externe leverancier het totale projectproduct oplevert, kunnen we twee situaties onderscheiden.

Eén mogelijkheid is dat de externe leverancier eerst een offerte opstelt voor het ontwikkelen van de PID gebaseerd op het projectvoorstel. Zodra hij de PID naar tevredenheid van de opdrachtgever heeft ontwikkeld, stelt hij op basis van die PID een offerte op voor het realiseren van het projectproduct, eventueel in fasen binnen een raamovereenkomst. In deze situatie sluiten de PRINCE2-processen en het commerciële proces geheel op elkaar aan.

Een andere mogelijkheid is dat de leverancier wordt gevraagd direct een offerte uit te brengen voor de realisatie van het projectproduct. De leverancier voert het proces opstarten van een project dan uit binnen zijn eigen organisatie. De aanvraag wordt op zijn merites beoordeeld, een plan wordt gemaakt wie de offerte zal opstellen en met wie en tenslotte wordt het besluit genomen de offerte wel of niet in te dienen. Indien besloten wordt een offerte in te dienen, dan gaat de eigen projectmanager aan de slag en werkt het voorstel uit in het proces initiëren van een project. Bij akkoord door de klant wordt de opdracht aan de leverancier gegund in het project autoriseren in het proces sturen van een project.

In een commercieel project moet specifiek aandacht gegeven worden aan de verschillende managementaanpakken. De managementaanpakken moeten in lijn zijn met het contract dat wordt gesloten tussen de klant en de leverancier.

21.6 Projecten in een programma

Een programma is een tijdelijke organisatie die is opgezet om een set gerelateerde projecten en activiteiten te coördineren, te besturen en te bewaken om daarmee uitkomsten en benefits te realiseren die betrekking hebben op de strategische doelen van de organisatie.

De projectproducten van de projecten vormen het middel waarmee de organisatieonderdelen de gewenste uitkomsten en benefits moeten realiseren. Centraal staat de organisatie en haar onderdelen: zij hebben een behoefte en zij moeten de veranderingen doorvoeren en de benefits realiseren.

De business change managers in een programma zijn verantwoordelijk voor het realiseren van die gewenste uitkomsten en de daaruit voortvloeiende benefits binnen hun eigen organisatieonderdelen. Daarvoor heeft de business change manager echter bepaalde producten nodig. Dit maakt hem de ideale seniorgebruiker voor de projecten waarin die betreffende producten worden opgeleverd.

Organisatorisch zijn een programma en de bijbehorende projecten vaak sterk met elkaar verweven. Het projectvoorstel en de business case worden meestal opgesteld door de programmaorganisatie. De benefitsmanagementaanpak van het project is vaak onderdeel van het benefitsrealisatieplan van het programma. De andere managementaanpakken komen meestal voort uit de managementaanpakken van het programma.

Het projectplan zal de afhankelijkheden met programma-activiteiten en andere projecten uit het programma moeten bevatten. Het programma definieert de projecttoleranties en het aantal en de duur van de managementfasen. Wanneer de prognose van het projectplan aangeeft dat de projecttoleranties zullen worden overschreden, zal dit geëscaleerd moeten worden naar de programmaorganisatie.

21.7 Multi-organisatie projecten

In het geval dat twee of meer onafhankelijke en gelijkwaardige organisaties een project samen initiëren, wordt het eigenaarschap gedeeld door deze organisaties. Onder zulke omstandigheden is het raadzaam het te organiseren als een programma en één persoon aan te stellen als de programmaopdrachtgever.

Hoofdstuk 22
Verankeren en invoeren van PRINCE2

Voor organisaties waar regelmatig en op enige schaal projecten worden uitgevoerd, is het niet verstandig dat ieder team PRINCE2 direct en naar eigen goeddunken op maat maakt voor het eigen project. Het heeft dan meer zin een eigen aangepaste standaard te ontwikkelen en te onderhouden die weliswaar op PRINCE2 gebaseerd is, maar die veel meer rekening houdt met de eigen organisatie.

De inpassing van PRINCE2 in de eigen organisatie bestaat uit twee hoofdactiviteiten:
- Verankeren van PRINCE2 door een eigen aangepaste standaard van PRINCE2 te definiëren en onderhouden;
- Invoeren van deze eigen methode door ervoor te zorgen dat mensen deze eigen methode begrijpen en doorgronden en het met wijsheid toepassen.

22.1 Verankeren van PRINCE2

Het verankeren van PRINCE2 is bedoeld om op organisatieniveau te voorzien in een eigen projectmanagementstandaard die aansluit bij de kenmerken en omstandigheden van de projecten die in de organisatie worden uitgevoerd. Hierbij wordt bijvoorbeeld rekening gehouden met de kenmerken van de specifieke branche, heersende wet- en regelgeving, interne standaarden en procedures, (bedrijfs)processen, vaak gehanteerde terminologie en de eigen bedrijfscultuur.

Omdat geen enkele standaard in elke omstandigheid kan voorzien, is het nog steeds, maar zeker in mindere mate, nodig dat ieder projectmanagementteam de projectmanagementstandaard van de organisatie op maat maakt. De grenzen waarbinnen een projectmanagementteam deze standaard op maat kan maken, kunnen door de organisatie worden bepaald en in de standaard worden opgenomen.

De projectmanagementstandaard van de organisatie kan in een (online) handboek beschreven worden, dat als een dynamisch document te gebruiken is, zodat bijvoorbeeld de meest recente succesvolle werkwijzen en een up-to-date overzicht van ervaren leerpunten makkelijk toegevoegd kunnen worden. Bijbehorende training en coaching zorgt ervoor dat zo'n standaard begrepen en breed geaccepteerd wordt en dat men er zich ook in grote mate aan houdt.

Wanneer een organisatie de projectmanagementstandaard ontwikkelt en ter beschikking stelt, willen de mensen weten waarom deze nodig is en wat ermee bereikt gaat worden. Is er een noodzaak om de efficiëntie of juist de effectiviteit te verbeteren? Willen onze klanten dat we onze projecten met meer consistentie managen? Begrip hierover verhoogt het draagvlak en zorgt ervoor dat de standaard in grotere mate nageleefd wordt.

De thema's, processen, rollen, samenstelling van de managementproducten en de gehanteerde terminologie kunnen worden aangepast. Principes kunnen niet worden aangepast, omdat ze universeel en altijd van toepassing zijn.

Thema's – De PRINCE2-thema's worden aangepast, zodat ze aansluiten bij bestaande werkwijzen, richtlijnen en regelgeving. Het handboek zou richtlijnen moeten verstrekken hoe de thema's te gebruiken, bij het gebruik van bijvoorbeeld een waterval- of agile-aanpak. Bedrijfsspecifieke opleveringsstappen, specialistische technieken en het gebruik van applicaties kunnen opgenomen worden om de projectmanagers te ondersteunen.

Processen – Bij het aanpassen van de processen is het niet verstandig om processen of activiteiten daarbinnen in hun geheel weg te laten. Namen van processen en activiteiten kunnen naar behoefte wel worden aangepast. Het doel en de doelstelling van de processen zouden ongewijzigd moeten blijven.

Rollen – Naamgeving en verantwoordelijkheden kunnen naar behoefte worden aangepast. Het is daarbij belangrijker dat dat de rollen en verantwoordelijkheden helder en duidelijk zijn voor alle betrokkenen in het project dan dat er een getekende rolbeschrijving is. Hoe formeel of informeel de rollen ook worden gehanteerd, is afhankelijk van de cultuur van de organisatie.

Terminologie – Een consistente toepassing van terminologie verbetert de communicatie in een project. Daarbij hoeft de PRINCE2-terminologie niet strikt te worden toegepast. Als termen projectopdracht en projectcontract in plaats van projectvoorstel en projectinitiatiedocumentatie leiden tot een bredere acceptatie, terwijl deze termen dezelfde lading dekken, kan beter voor deze eigen terminologie van de organisatie worden gekozen.

Managementproducten – Het is verstandig bestaande sjablonen, die niet conform PRINCE2 zijn samengesteld, te herzien naar de geest van PRINCE2 in plaats van deze te vervangen. Ook hier is de naamgeving van ondergeschikt belang, zolang het doel en de essentie van het managementproduct overeind blijft. Alleen als er een geldige reden is om een onderdeel van een managementproduct weg te laten, kan daartoe besloten worden.

Op maat maken van PRINCE2 voor het project – Ook de eigen projectmanagementstandaard kan niet, zonder het op maat te maken, voor alle soorten projecten en alle situaties in een organisatie geschikt zijn. Daarom zullen in alle projectmanagementstandaarden richtlijnen over het op maat maken moeten worden meegenomen. Zeker voor kleine en eenvoudige projecten moet een overkill aan procedures en sjablonen vermeden worden.

22.2 Invoeren van PRINCE2

Bij het vervolgens invoeren van de projectmanagementstandaard in de organisatie is het enkel publiceren van het handboek onvoldoende. Mensen zullen daadwerkelijk hun manier van werken moeten veranderen. Het veranderen van de cultuur en het daarbij waarneembare gedrag zijn hierbij belangrijke aandachtspunten. Een programma zou deze veranderingen kunnen bewerkstelligen.

Alle belanghebbenden zullen bij het invoeren van de eigen methodiek betrokken moeten worden en blijven: projectmanagers, teammanagers, projectmedewerkers, projectsupport, projectborging, opdrachtgevers, andere (potentiële) leden van een stuurgroep, lijnmanagers en het hogere management. Betrek hen, vraag hen advies en laat hen de outputs van het veranderprogramma reviewen. Het is echter onmogelijk om ieder individuele belanghebbende direct te betrekken. Maak daarom gebruik van 'key users' en 'ambassadeurs' om een optimale en gedragen kwaliteit van de outputs te garanderen met een gedragen acceptatie onder (toekomstige) gebruikers.

Acceptatie door en draagvlak bij de mensen die hun manier van werken moeten veranderen is essentieel voor het realiseren van de verandering. Om hun acceptatie en draagvlak te krijgen, moet zeker gesteld worden dat:
- De noodzaak tot verandering helder is;
- De verandering gedragen wordt door het hoogste management;
- De situatie aan het einde van het verandertraject ('future state') gevisualiseerd is en begrepen wordt;
- Het duidelijk is welke veranderingen er nodig zijn om de 'future state' te realiseren;
- Degenen die door de veranderingen beïnvloed worden, betrokken worden;

- De noodzakelijke capaciteiten van de organisatie ontwikkeld worden en belemmeringen en obstakels weggenomen zijn;
- Korte termijn successen behaald en gevierd worden;
- De gerealiseerde veranderingen en hun rendement in de organisatie verankerd worden.

Een bewezen aanpak is een groep van erkende projectmanagers samen te stellen, die hun leerervaringen en best practices met elkaar delen om daarmee tot een gemeenschappelijk beeld te komen dat wordt opgenomen in het projectmanagementhandboek. Een erkende en ervaren projectmanagementexpert zou deze sessies kunnen begeleiden en faciliteren om daarmee draagvlak te krijgen en uit te bouwen.

Na de aanvankelijke introductie is het echter niet voldoende om de direct betrokkenen enkel te trainen. Mensen zouden zich voortdurend moeten kunnen verbeteren door bijvoorbeeld het deelnemen aan intervisie, uitvoeren van collegiale reviews en coaching. Communicatie is ook nodig om de veranderingsnoodzaak en de voordelen van de nieuwe werkwijze duidelijk te (blijven) maken. Het is verder belangrijk om de voortgang te monitoren om indien nodig bij te kunnen sturen.

Het heeft zich bewezen dat een dergelijke implementatie meer succesvol is als het realiseren van de veranderingen in incrementele stappen plaatsvindt. Een dergelijk complex traject vaart wel bij het al lerend en ontwikkelend implementeren van de veranderingen. Dit biedt daarnaast ook de meeste flexibiliteit om tussentijds bij te sturen. Het incrementele karakter vergemakkelijkt het realiseren van korte termijn successen en houdt de veranderdruk op de organisatie hanteerbaar.

Om een goede borging en verankering in de organisatie mogelijk te maken, is het nodig om een methode-eigenaar van de nieuwe werkwijze te benoemen die over de voortgang van het verandertraject rapporteert aan het hoogste management. Deze persoon kan worden ondersteund door een expertisecentrum dat verantwoordelijk is voor de verdere ontwikkeling en onderhoud van de nieuwe werkwijze.

Een website waarin procesbeschrijvingen, sjablonen en leerervaringen worden verzameld en bijgehouden kan de borging verder op weg helpen. Ervaren specialisten die ieder proceseigenaar worden van een onderdeel van de nieuwe werkwijze (zoals bijvoorbeeld risicomanagement en stakeholdermanagement) kunnen de methode-proceseigenaar ondersteunen. Een regelmatige audit op de toepassing van de nieuwe werkwijze laat de organisatie zien hoever zij is.

De organisatie kan er ook voor kiezen de volwassenheid van de projectenorganisatie te laten beoordelen door een derde partij.

22.3 Projectvolwassenheid

Het implementeren van een projectmanagementstandaard gaat meestal gepaard met de keuze om continu te blijven verbeteren. Op die manier worden de voordelen voor de organisatie geborgd en verder vergroot. De praktijk leert namelijk dat in gevallen waar niet blijvend aandacht wordt besteed aan de nieuwe werkwijze, dit wegzakt en mensen terugvallen in de oude manier van werken. Daarmee vervallen ook de voordelen en is de investering voor niets geweest. Het inrichten van een proces van continu verbeteren is dus een belangrijk onderdeel van het verandertraject. Het meten van de volwassenheid van de projectenorganisatie is daarbij een belangrijk onderdeel.

Projectvolwassenheid is de mate waarin een organisatie projecten op een systematische en effectieve manier managet. Er zijn verschillende volwassenheidsmodellen. Het model dat aansluit op PRINCE2 is het P3M3-model, dat is ontwikkeld door dezelfde organisatie die PRINCE2 heeft ontwikkeld.

P3M3 is een volwassenheidsmodel voor de drie perspectieven: projecten, programma's en portfolio's. Met deze methode kan de volwassenheid van ieder van deze perspectieven apart worden gemeten, maar ook integraal over alle drie de perspectieven.

P3M3 onderscheidt vijf volwassenheidsniveau 's (zie figuur 22.01):
1. **Bewust** – resultaten zijn afhankelijk van de kwaliteit van de individuele personen;
2. **Gedefinieerd** – gestandaardiseerd binnen afzonderlijke organisatiedelen;
3. **Gestandaardiseerd** – één methode voor de gehele organisatie;
4. **Beheerst** – het effect van de methode wordt regelmatig gemeten en beheerst;
5. **Optimaliserend** – het proces wordt continu verbeterd.

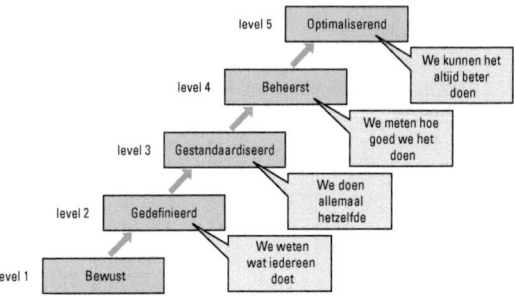

Figuur 22.01 P3M3 volwassenheidsniveaus

De volwassenheid kan worden gemeten door middel van assessments. Daarmee krijgt de organisatie inzicht in waar de organisatie nu staat, wat nu de zwakke plekken zijn in de uitvoering en beheersing van projecten en wat mogelijke verbeterstappen zijn. Verder kan met een dergelijke volwassenheidsmeting de kwaliteit van de dienstverlening worden aangetoond aan potentiële klanten.

Bijlage A
Productbeschrijvingen van managementproducten

Op maat maken van productbeschrijvingen van managementproducten

Managementproducten moeten op maat gemaakt worden voor de behoeften van het project en de projectomgeving. Managementproducten kunnen tekstdocumenten zijn, maar ook dia's, spreadsheets, muurkranten en scherminformatie. Sommige managementproducten zullen niet in alle projecten gebruikt worden of worden gecombineerd.

PRINCE2 doet geen aanbeveling voor de samenstellingen van het configuratie-itemrecord, het dagelijks logboek, het leerpuntenrapport en het productstatusoverzicht.

PRINCE2 onderscheidt drie soorten managementproducten: baselines, records en rapporten, zie Figuur A.1.

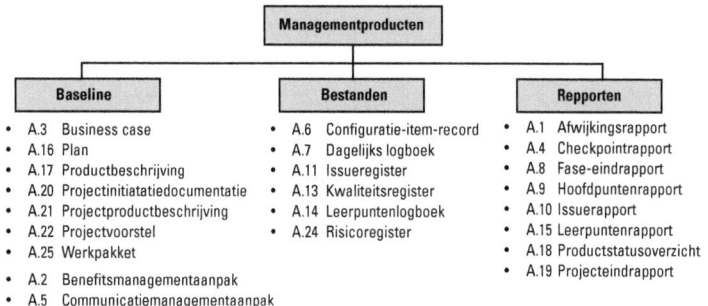

Figuur A.1 Overzicht managementproducten

A.1 Afwijkingsrapport

Een afwijkingsrapport wordt opgesteld door de projectmanager wanneer wordt voorzien dat de project- of fasetoleranties worden overschreden. Het verstrekt de stuurgroep c.q. het bedrijfs- of programmamanagement of de klant informatie over de afwijking, de impact ervan en de opties en aanbevelingen hoe verder te gaan.

Samenstelling
- Titel of naam van de afwijking;
- Oorzaak van de afwijking;
- Gevolgen van de afwijking voor het project of het bedrijfs- of programmamanagement of de klant;
- Opties en het effect van elke optie op de business case, risico's en toleranties;
- Aanbeveling(en);
- Leerpunten.

A.2 Benefitsmanagementaanpak

De benefitsmanagementaanpak definieert de benefitsmanagementacties die nodig zijn om ervoor te zorgen dat de uitkomsten van het project behaald worden en de benefitsreviews, om te bevestigen dat de gedefinieerde benefits zijn/worden gerealiseerd.

Samenstelling
- Welke benefits moeten worden gemeten en gemanaged;
- Wie eindverantwoordelijk is voor het realiseren van de uitkomsten en de benefits;
- Hoe en wanneer worden uitkomsten en benefits gerealiseerd/gemeten;
- Welke mensen en middelen zijn daarvoor nodig;
- Nulmeting;
- Hoe het gebruik van het projectproduct zal worden gereviewd.

A.3 Business case

The business case documenteert de rechtvaardiging van het project op basis waarvan de voortdurende levensvatbaarheid wordt getoetst.

Samenstelling
- Samenvatting;
- Redenen;

- Bedrijfsopties;
- Verwachte benefits en de benefitstoleranties;
- Verwachte dis-benefits;
- Tijdsduur project en economische levensduur projectproduct;
- Kosten project en exploitatiekosten;
- Belangrijkste risico's;
- Investeringsbeoordeling.

A.4 Checkpointrapport

Een checkpointrapport wordt opgesteld door de teammanager om de status van het werkpakket te rapporteren aan de projectmanager, met een frequentie die is overeengekomen in het werkpakket.

Samenstelling
- Datum uitgifte;
- Periode;
- Vervolgacties voorgaande perioden;
- Deze rapportageperiode: afgeronde producten en onderhanden werk, kwaliteitsmanagementactiviteiten en geïdentificeerde leerpunten;
- De volgende rapportageperiode: onderhanden werk en af te ronden producten en kwaliteitsmanagementactiviteiten;
- Status van de werkpakkettolerantie(s);
- Issues en risico's.

A.5 Communicatiemanagementaanpak

De communicatiemanagementaanpak beschrijft hoe en hoe vaak met alle betrokken partijen zal worden gecommuniceerd. Het versterkt de betrokkenheid van de betrokken partijen en ondersteunt een tweezijdige en beheerste communicatie.

Samenstelling
- Inleiding;
- Communicatieprocedure;
- Te gebruiken applicaties en technieken;
- Records;
- Rapporten;

- Timing van communicatieactiviteiten;
- Rollen en verantwoordelijkheden;
- Stakeholderanalyse:
  - Belanghebbenden;
  - Huidige relatie;
  - Gewenste relatie;
  - Raakvlakken;
  - Belangrijkste boodschap(pen);
- Informatiebehoefte van elke belanghebbende partij:
  - Informatie nodig van het project;
  - Informatie te verstrekken aan het project;
  - Wie de informatie levert en voor wie die bestemd is;
  - Hoe en hoe vaak zal worden gecommuniceerd.

A.6 Configuratie-itemrecord

Een configuratie-itemrecord legt relevante informatie vast van de te realiseren producten zoals historie, status, versie en de relatie met andere producten. Of en op welke wijze configuratie-itemrecords zullen worden bijgehouden in een project wordt vastgelegd in de wijzigingsbeheeraanpak.

De samenstelling van een configuratie-itemrecord wordt niet gedefinieerd door PRINCE2.

A.7 Dagelijks logboek

Het dagelijks logboek legt informatie vast over informele issues, acties en gebeurtenissen die niet in enig ander logboek of register wordt bijgehouden. Het is het dagboek van de projectmanager. Het wordt ook gebruikt voor de voorlopige registratie van issues en risico's in het proces opstarten van een project, als de officiële registers nog niet ingericht zijn.

De samenstelling van een dagelijks logboek wordt niet gedefinieerd door PRINCE2.

A.8 Fase-eindrapport

Een fase-eindrapport beschrijft de voortgang en status van het project en geeft een verantwoording over de afgelopen fase. Een fase-eindrapport wordt opgesteld op het einde van iedere faseovergang. De stuurgroep gebruikt dit rapport samen met het volgende faseplan om te beslissen of en hoe het project wordt vervolgd.

Samenstelling
- Rapport van de projectmanager over de prestaties van de afgelopen fase;
- Review business case;
- Review fase- en projectdoelstellingen;
- Review teamprestaties;
- Review producten:
  - Kwaliteitsrecords;
  - Goedkeuringsbestanden;
  - Afwijkingen van specificatie;
  - Gefaseerde overdracht (indien relevant);
  - Samenvatting aanbevelingen van vervolgacties (indien relevant);
- Leerpunten;
- Samenvatting huidige risico's en issues;
- Prognose project en volgende managementfase.

A.9 Hoofdpuntenrapport

Een hoofdpuntenrapport wordt opgesteld door de projectmanager om de stuurgroep en andere stakeholders periodiek te informeren over de status van de fase. De stuurgroep gebruikt dit rapport om de voortgang van het project en de managementfase te bewaken.

Samenstelling
- Datum;
- Periode;
- Samenvatting huidige status;
- Deze rapportageperiode: status werkpakketten, afgeronde producten, geplande maar nog niet opgestarte of nog niet afgeronde producten en genomen corrigerende maatregelen;
- De volgende rapportageperiode: status werkpakketten, af te ronden producten en af te ronden corrigerende maatregelen;
- Status van de project- en fasetolerantie(s);
- Status wijzigingsverzoeken;
- Belangrijke issues en risico's;
- Leerpunten.

A.10 Issuerapport

Een issuerapport bevat de beschrijving, impactbeoordeling en aanbeveling(en) voor corrigerende maatregelen voor een formeel issue. Het issuerapport wordt opgesteld en bijgewerkt met het doorlopen van de stappen van de issue- en wijzigingsbeheerprocedure. Een issuerapport hoeft alleen te worden opgesteld als de beschrijving van de issue in het issueregister niet voldoende gedetailleerd kan zijn.

Samenstelling
- Issue-id (referentie naar issueregister);
- Type issue (wijzigingsverzoek, afwijking van specificatie, probleem/zorg);
- Datum registratie;
- Aangedragen door;
- Auteur Issuerapport;
- Beschrijving issue (met oorzaak en gevolg);
- Gedetailleerde impact-analyse;
- Aanbeveling;
- Prioriteit en ernst;
- Besluit;
- Goedgekeurd door;
- Datum besluit;
- Datum afsluiting.

A.11 Issueregister

Het issueregister bevat informatie over alle formele issues. De projectmanager moet het register regelmatig actualiseren.

Samenstelling
Voor ieder issue in het issueregister:
- Issue-id;
- Type issue (wijzigingsverzoek, afwijking van specificatie, probleem/zorg);
- Datum registratie;
- Aangedragen door;
- Auteur issuerapport (indien van toepassing);
- Beschrijving issue (met oorzaak en gevolg);

- Prioriteit en ernst;
- Status en datum;
- Datum afsluiting.

A.12 Kwaliteitsmanagementaanpak

De kwaliteitsmanagementaanpak beschrijft de in het project te gebruiken applicaties en technieken, standaarden, processen en procedures en de verantwoordelijkheden om de gespecificeerde kwaliteitsniveaus te realiseren.

Samenstelling
- Inleiding;
- Kwaliteitsmanagementprocedure:
  - Projectborging en kwaliteitsborging;
  - Kwaliteitsplanning en kwaliteitsbeheersing;
- Te gebruiken applicaties en technieken;
- Samenstelling kwaliteitsregister en kwaliteitsrapport;
- Kwaliteitsrapportages (doel, samenstelling, timing en ontvangers);
- Timing kwaliteitsmanagementactiviteiten;
- Rollen en verantwoordelijkheden.

A.13 Kwaliteitsregister

Het kwaliteitsregister bevat de status van alle geplande en uitgevoerde kwaliteitsmanagementactiviteiten en bevat een verwijzing naar de bijbehorende kwaliteitsrecords.

Samenstelling
Voor ieder record in het kwaliteitsregister:
- Kwaliteits-id;
- Product-id;
- Productnaam;
- Kwaliteitactiviteit;
- Rollen en verantwoordelijkheden;
- Geplande, verwachte en werkelijke data van de kwaliteitsactiviteiten en de acceptatie;
- Resultaat (bijvoorbeeld goedgekeurd of afgekeurd);
- Verwijzing naar de kwaliteitsrecords.

A.14 Leerpuntenlogboek

Het leerpuntenlogboek is het centrale bestand voor het vastleggen van leerpunten (zowel goede als minder goede ervaringen) die toegepast kunnen worden in het huidige en andere projecten. Sommige leerpunten zijn afkomstig van voorgaande projecten, terwijl andere leerpunten voortkomen uit het huidige project.

Samenstelling
- Type leerpunt (voor alleen dit project of ook voor andere projecten);
- Beschrijving leerpunt (gebeurtenis, gevolg, oorzaak of aanleiding, waarschuwingsindicator, of het voorheen als risico was geïdentificeerd, aanbeveling(en);
- Datum registratie;
- Aangedragen door;
- Prioriteit.

A.15 Leerpuntenrapport

Een leerpuntenrapport wordt gebruikt om relevante leerpunten door te geven aan het bedrijfs- of programmamanagement of de klant. Het kan op elk moment opgesteld worden en kan worden opgenomen in het fase-eindrapport of in het projecteindrapport.

De samenstelling van een leerpuntenrapport wordt niet gedefinieerd door PRINCE2.

A.16 Plan

Een plan is een beschrijving hoe, wanneer en door wie de overeengekomen doelstellingen zullen worden bereikt. Het toont de belangrijkste producten, activiteiten en mensen en middelen, nodig om deze doelstellingen te realiseren. Een plan beschrijft daarbij zowel de specialisten- als de managementactiviteiten en -producten. PRINCE2 onderkent projectplannen, faseplannen, teamplannen en afwijkingsplannen.

Samenstelling
- Planbeschrijving (planniveau en planningsaanpak);
- Randvoorwaarden voor het plan;
- Externe afhankelijkheden;
- Aannamen plan;
- Aanpak uitvoering;
- Opgenomen leerpunten;

- Wijze van bewaking en beheersing;
- Budgetten (tijd, kosten en voorzieningen voor risico's en wijzigingen);
- Toleranties (voor tijd, kosten en scope en eventueel voor risico's);
- Productbeschrijvingen met kwaliteitstoleranties;
- Tijdsplanning met grafische weergave van:
    - Gantt chart of balkendiagram;
    - Productdecompositiestructuur en productstroomschema;
    - Activiteitennetwerk;
    - Overzicht benodigde mensen en middelen;
    - Overzicht specifiek aangevraagde/toegewezen mensen en middelen.

In het projectplan wordt ook de projectproductbeschrijving opgenomen.

A.17   Productbeschrijving

Een productbeschrijving beschrijft alle relevante aspecten van het product zoals haar bronnen, kwaliteitscriteria, kwaliteitsmethoden en benodigde kwaliteitsvaardigheden.

Samenstelling
- Product-id;
- Productnaam;
- Doel dat het product zal vervullen;
- Samenstelling;
- Herkomst (bronproducten);
- Format en presentatie (kenmerken en uiterlijk);
- Benodigde ontwikkelvaardigheden;
- Kwaliteitscriteria;
- Kwaliteitstolerantie;
- Kwaliteitsmethode;
- Benodigde vaardigheden voor kwaliteitsbeoordeling;
- Kwaliteitsverantwoordelijkheden.

A.18   Productstatusoverzicht

Een productstatusoverzicht is een overzicht van de status van alle producten onder wijzigingsbeheer. Dit overzicht kan nuttig zijn wanneer het versienummer van producten moet worden bevestigd.

De samenstelling van een productstatusoverzicht wordt niet gedefinieerd door PRINCE2.

A.19 Projecteindrapport

Het projecteindrapport beschrijft de status van het project bij afsluiting van het project, het projectverloop en de evaluatie van de resultaten van het project afgezet tegen de oorspronkelijke PID en alle daarna goedgekeurde wijzigingen. Ook kunnen het leerpuntenrapport en de aanbevelingen voor vervolgacties in het rapport worden opgenomen.

Samenstelling
- Rapport van de projectmanager over de prestaties van het project;
- Review business case;
- Review projectdoelstellingen;
- Review teamprestaties;
- Review producten:
  - Kwaliteitsrecords;
  - Goedkeuringsbestanden;
  - Afwijkingen van specificatie;
  - Overdracht projectproduct;
  - Samenvatting aanbevelingen voor vervolgacties;
- Leerpunten.

A.20 Projectinitiatiedocumentatie (PID)

De PID is een set van documenten die gezamenlijk de belangrijkste informatie bevat om (1) ervoor te zorgen dat er een solide basis is voordat aan de stuurgroep om een significante verplichting wordt gevraagd; (2) als basis te dienen waarop de voortgang, de issues en de levensvatbaarheid van het project kunnen worden beoordeeld; (3) als referentiebron te dienen voor medewerkers die worden ingezet in het project.

Samenstelling
- Projectdefinitie, bestaande uit:
  - Achtergrond;
  - Projectdoelstellingen en de gewenste uitkomsten;
  - Projectscope en afbakening;
  - Randvoorwaarden en aannamen;
  - De gebruiker(s) en relevante andere belanghebbenden;
  - Raakvlakken met andere initiatieven;
  - Projectaanpak;

- Business case;
- Projectmanagementteamstructuur en rolbeschrijvingen;
- Managementaanpakken:
  - Kwaliteitsmanagementaanpak;
  - Wijzigingsbeheeraanpak;
  - Risicomanagementaanpak;
  - Communicatiemanagementaanpak;
- Projectplan;
- Beheersinstrumenten;
- Op maat maken van PRINCE2.

De benefitsmanagementaanpak maakt geen deel uit van de PID.

A.21 Projectproductbeschrijving

De projectproductbeschrijving is de productbeschrijving van het projectproduct om overeenstemming te verkrijgen van de gebruikers en beheer en onderhoud voor het projectproduct dat door het project moet worden opgeleverd. Aan het einde van het project wordt het gebruikt om ook te controleren of het project heeft opgeleverd wat verwacht werd.

Samenstelling
- Naam;
- Doel van het projectproduct;
- Samenstelling (belangrijkste producten);
- Herkomst (bronproducten);
- Benodigde ontwikkelvaardigheden;
- Kwaliteitsverwachtingen van de klant;
- Acceptatiecriteria;
- Kwaliteitstoleranties op projectniveau;
- Acceptatiemethode;
- Verantwoordelijkheden voor de uiteindelijke acceptatie.

A.22 Projectvoorstel

Het projectvoorstel beschrijft alle relevante aspecten van het project om ervoor te zorgen dat aan de randvoorwaarden voor de projectinitiatie is voldaan.

Samenstelling

- Projectdefinitie, bestaande uit:
  - Achtergrond;
  - Projectdoelstellingen (tijd, kosten, kwaliteit, scope, risico en benefits);
  - Gewenste uitkomsten;
  - Projectscope en afbakening;
  - Randvoorwaarden en aannamen;
  - Projecttoleranties;
  - De gebruiker(s) en relevante andere belanghebbende partijen;
  - Raakvlakken met andere initiatieven;
- Hoofdlijnen business case (redenen waarom en de gekozen bedrijfsoptie);
- Projectproductbeschrijving;
- Projectaanpak;
- Projectmanagementteamstructuur en rolbeschrijvingen;
- Verwijzingen.

A.23 Risicomanagementaanpak

De risicomanagementaanpak benoemt hoe risico's worden gemanaged en beschrijft de in het project te gebruiken applicaties en technieken, standaarden, processen, procedures en verantwoordelijkheden.

Samenstelling

- Inleiding;
- Risicomanagementprocedure (Indien deze afwijkt van de standaarden van het bedrijfs- of programmamanagement of de klant moet dit worden aangegeven);
- Te gebruiken applicaties en technieken;
- Records (vorm en samenstelling van het risicoregister);
- Rapporten (hun doel, samenstelling, timing en ontvangers);
- Timing risicomanagementactiviteiten;
- Rollen en verantwoordelijkheden;
- Schalen voor waarschijnlijkheid en impact;
- Schaal voor nabijheid (bijv. onmiddellijk, in huidige fase, in huidige project, na het project);
- Risicocategorieën en risicomaatregelcategorieën;
- Waarschuwingsindicatoren;
- Risicotolerantie;
- Risicobudget.

A.24 Risicoregister

Het risicoregister bevat de status van alle geïdentificeerde risico's en de overeengekomen risicomaatregelen.

Samenstelling
Voor ieder record in het risicoregister:
- Risico-id;
- Aangedragen door;
- Datum registratie;
- Risicocategorie;
- Risicobeschrijving (oorzaak, gebeurtenis en gevolg);
- Waarschijnlijkheid, impact en geschatte waarde;
- Nabijheid;
- Risicomaatregelcategorie(ën);
- Risicomaatregel(en);
- Risicostatus;
- Risico-eigenaar;
- Risico-actiehouder.

A.25 Werkpakket

Een werkpakket beschrijft alle relevante informatie nodig om de verantwoordelijkheid voor het uitvoeren van werk en het opleveren van producten over te dragen aan een teammanager of een teamlid.

Samenstelling
De samenstelling kan variëren per project:
- Datum;
- Teammanager of bevoegd persoon;
- Werkpakketbeschrijving;
- Te gebruiken technieken, processen en procedures;
- Afhankelijkheden tijdens het ontwikkelen;
- Afhankelijkheden gebruiksfase;
- Eisen ten aanzien van wijzigingsbeheer;
- Overeengekomen afspraken (inzet, kosten, tijd, doorlooptijd en mijlpalen);
- Toleranties (kosten, tijd, scope, kwaliteit en risico);

- Beperkingen;
- Rapportage-afspraken;
- Afhandeling en escalaties issues;
- Samenvatting faseplan;
- Referentie naar productbeschrijvingen;
- Wie de afzonderlijke producten zal goedkeuren en hoe de projectmanager over de afronding van het werkpakket zal worden geïnformeerd.

A.26 Wijzigingsbeheeraanpak

De wijzigingsbeheeraanpak beschrijft de procedures, rollen en verantwoordelijkheden en de applicaties en technieken van het issue- en wijzigingsbeheer in het project.

Samenstelling
- Inleiding;
- Issue- en wijzigingsbeheerprocedure (verzamelen, beoordelen, voorstellen, besluiten en implementeren);
- Te gebruiken applicaties en technieken;
- Samenstelling issueregister en issuerapport;
- Timing issue- en wijzigingsbeheeractiviteiten;
- Rollen en verantwoordelijkheden;
- Schalen voor prioriteit en ernst.

Bijlage B
Rollen en verantwoordelijkheden

B.1 Stuurgroep

De stuurgroep is verantwoordelijk voor het succes van het project en stuurt het project binnen de kaders overeengekomen met het bedrijfs- of programmamanagement of de klant. De stuurgroep is ook verantwoordelijk voor de communicatie tussen het project en de externe belanghebbenden. Leden van de stuurgroep kunnen een deel van hun verantwoordelijkheden delegeren naar een aparte projectborging en een wijzigingsautoriteit.

Hiervan afgeleid, zal de stuurgroep:
- De projecttoleranties overeenkomen met het bedrijfs- of programmamanagement of de klant;
- Het projectvoorstel en het initiatiefaseplan goedkeuren en de projectinitiatie autoriseren;
- De PID en het eerste uitvoeringsfaseplan goedkeuren en het project en de eerste uitvoeringsfase autoriseren;
- Beslissen om al dan niet projectborging en wijzigingsautoriteit te delegeren;
- Fasetoleranties en schalen voor ernst en prioriteit voor issues en risico's vaststellen;
- Het volgende faseplan en het fase-eindrapport goedkeuren en de volgende uitvoeringsfase autoriseren;
- Het afwijkingsplan en het fase-eindrapport goedkeuren en de uitvoering van het afwijkingsplan autoriseren;
- Een beslissing nemen over de geëscaleerde issues en verzoeken om advies van de projectmanager;
- Wijzigingen en afgeronde producten goedkeuren;
- Het project sturen en begeleiden, communiceren met stakeholders en ervoor zorgen dat er een effectief risicomanagement is;
- Zeker stellen dat aan de acceptatiecriteria zijn voldaan en dat alle producten zijn geaccepteerd;
- De acceptatie van het projectproduct bevestigen, het projecteindrapport goedkeuren en de projectafsluiting autoriseren;
- Goedkeuren dat de aanbevelingen voor vervolgacties worden verspreid naar het bedrijfs- of programmamanagement of de klant.

B.2 Opdrachtgever

De opdrachtgever is eindverantwoordelijk voor het succes van het project. Hij moet ervoor zorgen dat de doelstellingen van het project worden gerealiseerd, het projectproduct wordt opgeleverd en de uitkomst en de gedefinieerde benefits worden gerealiseerd. De opdrachtgever is eigenaar van de business case.

Naast de gezamenlijke verantwoordelijkheden van de stuurgroep, is de opdrachtgever in het bijzonder verantwoordelijk voor:
- Aanstellen en benoemen van het projectmanagementteam;
- Toezien op het opstellen van het projectvoorstel;
- Zeker stellen dat het project aansluit op de standaarden van het bedrijfs- of programmamanagement of de klant;
- Toezien op de ontwikkeling van de business case;
- Zeker stellen van de financiering van het project;
- Goedkeuren leverancierscontracten, als externe partijen worden ingeschakeld;
- Initiëren en voorzitten stuurgroepvergaderingen;
- De seniorgebruiker verantwoordelijk houden voor het realiseren van de baten en zeker stellen dat batenreviews worden gehouden;
- De seniorleverancier verantwoordelijk houden voor de aanpak van de specialistische werkzaamheden en voor het realiseren en de kwaliteit van het eindresultaat;
- Bewaken en beheersen van de voortgang van het project op strategisch niveau en het regelmatig (laten) beoordelen van de business case;
- Zeker stellen dat issues en risico's die van belang zijn voor de business case worden geïdentificeerd, geëvalueerd en beheerst;
- Beslissen over geëscaleerde issues en risico's met een continue focus op de zakelijke rechtvaardiging;
- Escaleren van issues en risico's naar het bedrijfs- of programmamanagement of de klant als wordt voorzien dat projecttoleranties worden overschreden;
- Op het eind van het project overdragen van de verantwoordelijkheid voor de uitvoering van de benefitsmanagementaanpak en de post-benefitsreviews aan het bedrijfs- of programmamanagement of de klant.

B.3 Seniorgebruiker

De seniorgebruiker vertegenwoordigt in het project de belangen van iedereen die de producten van het project gaat gebruiken. De seniorgebruiker moet de te realiseren benefits specificeren en aan het bedrijfs- of programmamanagement of de klant aantonen dat de gedefinieerde benefits ook daadwerkelijk zijn/worden gerealiseerd. In deze loopt de verantwoordelijkheid van de seniorgebruiker door tot na afsluiting van het project.

Naast de gezamenlijke verantwoordelijkheden van de stuurgroep, is de seniorgebruiker in het bijzonder verantwoordelijk voor:

- Zeker stellen dat het gewenste resultaat wordt gespecificeerd en gerealiseerd;
- Zeker stellen dat de verwachte uitkomst en benefits worden gespecificeerd en gerealiseerd;
- Goedkeuren van de productbeschrijvingen van voor gebruikers belangrijke producten;
- Zeker stellen dat de op te leveren producten worden beoordeeld op basis van de eisen van de klant;
- Zeker stellen dat de benodigde mensen en middelen vanuit de gebruikers beschikbaar worden gesteld;
- Oplossen van meningsverschillen tussen gebruikers over specificaties en prioriteiten;
- Zorgdragen voor de focus op het gewenste eindresultaat vanuit het perspectief van de gebruikers;
- Adviseren van de stuurgroep over gebruikersaspecten;
- (Mede)beslissen over issues en risico's, gericht op het maximeren van de te realiseren benefits;
- Afstemmen met het management van de gebruikers;
- Zeker stellen van de projectborging vanuit het perspectief van de gebruikers;
- De visie van de gebruiker leveren over aanbevelingen voor vervolgacties;
- Zeker stellen van de continuïteit van de bedrijfsvoering tijdens de implementatie van de opgeleverde producten en het doorvoeren van de overeengekomen veranderingen;
- Verstrekken van een overzicht van de gerealiseerde en nog te verwachten benefits tijdens de benefitsreviews.

B.4 Seniorleverancier

De seniorleverancier vertegenwoordigt de belangen van degenen die het projectproduct ontwerpen, faciliteren, maken, inkopen en implementeren. Deze rol is eindverantwoordelijk voor de kwaliteit van de op te leveren producten en is verantwoordelijk voor de technische integriteit van het project.

Naast de gezamenlijke verantwoordelijkheden van de stuurgroep is de seniorleverancier in het bijzonder verantwoordelijk voor:

- De levensvatbaarheid van de projectaanpak;
- Adviseren over de keuze van de ontwikkel- en acceptatiemethoden en zeker stellen dat deze realistisch zijn;
- Goedkeuren van productbeschrijvingen van voor leveranciers belangrijke producten;
- Zeker stellen dat kwaliteitsprocedures op de juiste manier worden toegepast;
- Zeker stellen dat vereiste mensen en middelen vanuit de leverancier beschikbaar worden gesteld;
- Oplossen van meningsverschillen tussen leveranciers over specificaties en prioriteiten;
- Adviseren van de stuurgroep over leveranciersaspecten;
- (Mede)beslissen over issues en risico's gericht op het beschermen van de belangen van leveranciers;
- Afstemmen met het management van de leveranciers;
- Zeker stellen van de projectborging vanuit het perspectief van de leveranciers.

In geval de leverancier na oplevering ook verantwoordelijk is voor het beheer en onderhoud van het projectproduct, dan vertegenwoordigt de seniorleverancier in de stuurgroep ook hun belangen. In alle andere gevallen vertegenwoordigt de seniorgebruiker hun belangen in de stuurgroep.

B.5 Projectmanager

De projectmanager is verantwoordelijk voor de dagelijkse leiding van het project in opdracht van de stuurgroep. De projectmanager is ervoor verantwoordelijk dat het project de op te leveren producten binnen de overeengekomen toleranties oplevert zodanig dat de voorziene uitkomst en de gedefinieerde benefits kunnen worden gerealiseerd door het bedrijfs- of programmamanagement of de klant.

De Projectmanager is in het bijzonder verantwoordelijk voor:
- Opstellen van het projectvoorstel;
- Inrichten en onderhouden van het dagelijks logboek en het leerpuntenlogboek;
- Opstellen, uitvoeren en onderhouden van de verschillende managementaanpakken;
- Inrichten, uitvoeren en onderhouden van de wijzigings- en configuratiemanagementprocedures;
- Inrichten, uitvoeren en onderhouden van de projectbeheersing;
- Inrichten en onderhouden van het issue- en het risicoregister;
- Opstellen van het benefitsmanagementaanpak;
- Opstellen en actualiseren van de PID;

- Leiding geven en motiveren van het projectteam;
- Opstellen en autoriseren werkpakketten;
- Managen van de uitvoering, de integratie van de op te leveren producten, het bewaken van de voortgang, de inzet van mensen en middelen en het nemen van corrigerende maatregelen als dat nodig is;
- Verzorgen van de communicatie tussen de verschillende partijen binnen de projectmanagementstructuur;
- Toezicht houden op de projectsupport;
- Opstellen project-, fase- en afwijkingsplannen;
- Opstellen van de fase- en projecteindrapporten;
- Onderhouden van contacten met de projectborging;
- Adviseren van de stuurgroep over issues, risico's en afwijkingen van het plan;
- Onderhouden van contacten met externe leveranciers en accountmanagers;
- Managen van de oplevering en zorgdragen dat de op te leveren producten correct worden overgedragen.

B.6 Teammanager

De teammanager is verantwoordelijk voor het realiseren en opleveren van de aan hem toegewezen producten volgens de afgesproken kwaliteit en binnen de afgesproken toleranties. In het project rapporteert de teammanager aan de projectmanager.

De Teammanager is in het bijzonder verantwoordelijk voor:
- Opstellen en onderhouden van het teamplan;
- Overeenkomen van het werkpakket met de projectmanager;
- De projectmanager adviseren hoe PRINCE2 op maat gemaakt kan worden zodat dit past bij het managen van de werkpakketten;
- Plannen, bewaken en managen van het werkpakket;
- Onderhouden van contacten met projectborging en projectsupport;
- Zorgen voor juiste registratie van de kwaliteitsactiviteiten in het kwaliteitsregister;
- De afgeronde producten overdragen aan de projectmanager;
- Identificeren van issues en risico's en het daarover adviseren aan de projectmanager;
- Assisteren van de projectmanager bij het analyseren van de impact van issues en risico's;
- Uitvoeren van corrigerende – en risicomaatregelen die aan hem worden toegewezen;
- Opstellen van de checkpointrapporten;
- Opleveren van de afgeronde werkpakketten aan de projectmanager.

B.7 Projectborging

De projectborging is de verantwoordelijkheid van de afzonderlijke leden van de stuurgroep om zeker te stellen dat de overeengekomen werkzaamheden worden uitgevoerd en de geplande voortgang wordt gerealiseerd.

Deze verantwoordelijkheid kan worden gedelegeerd aan derden maar niet aan de projectmanager, de projectsupport, de teammanagers of de projectteamleden.

De projectborging vanuit bedrijfsperspectief is in het bijzonder verantwoordelijk voor:
- Assisteren bij het opstellen van de business case en de benefitsmanagementaanpak;
- Adviseren over de selectie van leden van het projectmanagementteam;
- Zorgdragen voor het contact tussen het bedrijf, de gebruiker en de leverancier;
- Adviseren over de risicomanagementaanpak en zeker stellen dat de geaggregeerde risicoblootstelling binnen de projecttolerantie blijft;
- Periodiek controleren dat het project levensvatbaar blijft en aansluit bij de standaarden van het bedrijfs- of programmamanagement of de klant;
- Bewaken van de financiering van het project;
- Controleren dat betalingen goedgekeurd zijn;
- Nagaan of de oplossing nog steeds het verwachte rendement kan opleveren;
- Zeker stellen dat issues en risico's geïdentificeerd en op de juiste wijze gemanaged worden;
- Bewaken van de voortgang ten opzichte van de goedgekeurde plannen en de overeengekomen toleranties.

De projectborging vanuit gebruikersperspectief is in het bijzonder verantwoordelijk voor:
- Adviseren over de communicatiemanagementaanpak en het betrekken van belanghebbenden;
- Zeker stellen dat de juiste personen betrokken zijn bij het opstellen van de productbeschrijvingen en dat de gebruikersspecificaties correct, volledig en eenduidig zijn;
- Beoordelen of de oplossingen aansluiten op de gebruikersbehoeften;
- Zeker stellen dat er de juiste personen vanuit de gebruikers bij de kwaliteitsactiviteiten worden betrokken;
- Zeker stellen dat het contact met gebruikers effectief verloopt;
- Adviseren over de impact van issues vanuit gebruikersperspectief;
- Bewaken van het risico vanuit gebruikersperspectief.

De projectborging vanuit leveranciersperspectief is in het bijzonder verantwoordelijk voor:
- Reviewen van de productbeschrijvingen;
- Adviseren over de kwaliteitsmanagement- en wijzigingsbeheeraanpak;
- Adviseren over de projectaanpak en werkmethoden;
- Zeker stellen dat de voor het project gedefinieerde leveranciers- en werkstandaarden nageleefd worden en effectief gebruikt worden;
- Zeker stellen dat de projectscope niet ongemerkt wordt gewijzigd;
- Zeker stellen dat kwaliteitsbeheersprocedures op de juiste manier nageleefd worden;
- Adviseren over de impact van issues vanuit het leveranciersperspectief;
- Aan productie gerelateerde risico's bewaken.

B.8 Wijzigingsautoriteit

De wijzigingsautoriteit is verantwoordelijk voor het afhandelen van wijzigingsverzoeken en afwijkingen van de specificaties namens de stuurgroep. De projectmanager kan voor sommige aspecten aangewezen worden als wijzigingsautoriteit.

De wijzigingsautoriteit is in het bijzonder verantwoordelijk voor:
- Beoordelen en goed- of afkeuren van alle wijzigingsverzoeken en afwijkingen van specificatie binnen de gedelegeerde bevoegdheden van de stuurgroep en het wijzigingsbudget dat met de stuurgroep is overeengekomen;
- Het voorleggen aan de stuurgroep als de gedelegeerde bevoegdheidsgrenzen of het toegewezen wijzigingsbudget dreigen te worden overschreden.

B.9 Projectsupport

De verantwoordelijkheden van projectsupport kunnen afhankelijk van het project, de projectmanager en projectomgeving verschillen. Deze rol ondersteunt de projectmanager en de teammanager(s) en rapporteert aan de projectmanager. De delegatie aan een aparte persoon is optioneel. Mocht de rol niet worden gedelegeerd, dan vervult de projectmanager de rol van projectsupport.

De projectsupport is in het bijzonder verantwoordelijk voor:
- Inrichten en onderhouden van de projectdocumenten;
- Opstellen van procedures voor documentbeheer;
- Verzamelen van actuele cijfers en prognoses;
- Bijwerken van plannen;
- Assisteren in het samenstellen van plannen en rapporten;

- Administreren van en assisteren bij stuurgroepbijeenkomsten en kwaliteitsactiviteiten;
- Actualiseren van het kwaliteitsregister en archiveren van kwaliteitsrecords;
- Actualiseren van logboeken en registers;
- Administreren van onderdelen van de wijzigingsbeheerprocedures;
- Actualiseren van configuratie-itemrecords;
- Leveren van expertise in het gebruik van projectmanagement-tools en technieken.

Bijlage C
Voorbeeld van productgerichte planning

Productdecompositiestructuur voor een conferentie

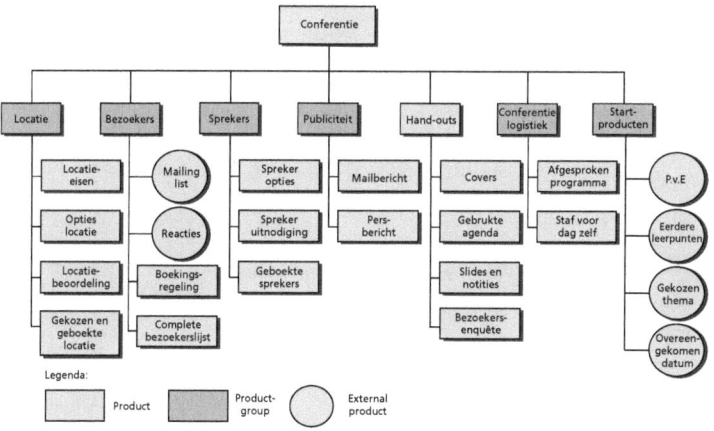

Figuur C.1 Voorbeeld van een productdecompositiestructuur voor een conferentie (bron: AXELOS Ltd.)

Productbeschrijving van locatie-eisen (onderdeel van het projectproduct Conferentie)

Tabel C1 Voorbeeld productbeschrijving locatie-eisen voor een conferentie

Id	1.1
Naam	• Locatie-eisen
Doel dat het product zal vervullen	• Om de eisen te identificeren waaraan geschikte conferentielocaties moeten voldoen
Samenstelling	• Vereiste faciliteiten • Parkeercapaciteit • Capaciteit van de accommodatie
Herkomst	• PID • Afgesproken datum • Gekozen thema • Eerdere leerpunten
Format en presentatie	• Sjabloon van de afdeling Inkoop
Benodigde ontwikkelvaardigheden	• Conferentie-organisator
Kwaliteitcriteria	• Specificaties afkomstig uit geleverde input • Voorwaarden van afdeling Inkoop
Kwaliteitstolerantie	• Gespecificeerde capaciteit − 10%
Kwaliteitsmethode	• Kwaliteitsreview
Kwaliteitsvaardigheden	• Bekend met de voorwaarden afdeling Inkoop • Bekend met het organiseren van conferenties
Kwaliteits-verantwoordelijkheden	• Reviewers: Angela en Willem. • Goedkeurder: Hoofd Marketing & Sales.

Productstroomschema voor een conferentie

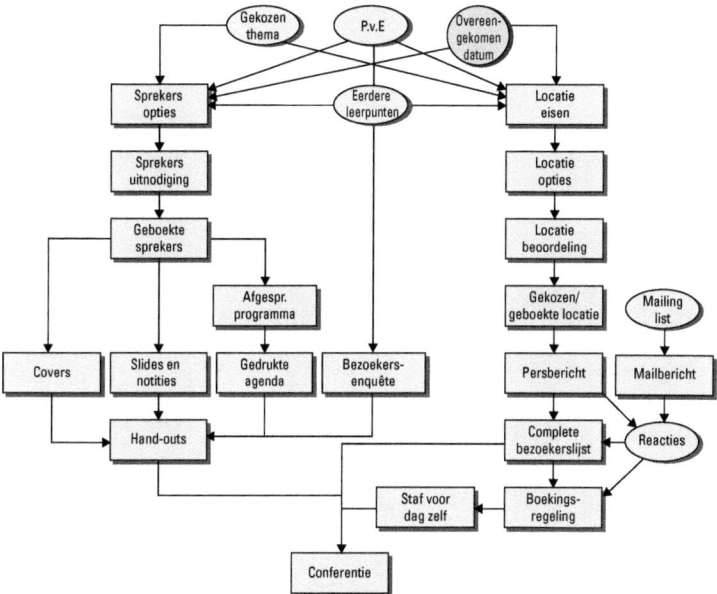

Figuur C2 Voorbeeld van een productstroomschema voor een conferentie

Bijlage D
Verklarende woordenlijst

Aanbeveling tot projectafsluiting	Een aanbeveling door de projectmanager aan de stuurgroep om een aankondiging van projectafsluiting te versturen wanneer de stuurgroep ermee akkoord is dat het project afgesloten kan worden.
Aanbevelingen voor vervolgacties	Aanbevolen acties ten aanzien van niet afgerond werk en doorlopende issues en risico's en specifieke acties nodig om de op te leveren producten in gebruik te kunnen nemen.
Aankondiging van projectafsluiting	Kennisgeving van de stuurgroep aan de werklocatie(s) en andere stakeholders dat het project wordt afgesloten en dat de teamleden en ondersteunende faciliteiten zoals locatie, materieel en toegang vanaf een bepaalde datum niet langer nodig zijn. Het zou een sluitingsdatum moeten aangeven tot wanneer kosten ten laste van het project kunnen worden geboekt.
Aankondiging van projectautorisatie	Kennisgeving van de stuurgroep aan de werklocatie(s) en andere stakeholders dat het project is geautoriseerd en te vragen om de noodzakelijke ondersteuning voor de uitvoering van de eerste uitvoeringsfase.
Aankondiging van projectinitiatie	Kennisgeving van de stuurgroep aan de werklocatie(s) en andere stakeholders dat het project wordt geïnitieerd en te vragen om de noodzakelijke ondersteuning voor de initiatiefase.
Aanleiding (trigger)	Een gebeurtenis of beslissing die aanzet tot het starten van een PRINCE2-activiteit of -proces.
Aanname	Een stelling die, omwille van het kunnen opstellen van een plan, als waar wordt aangenomen.
Aanpak	Zie ook management- en projectaanpak.
Acceptatie	De formele bevestiging dat het projectproduct voldoet aan de overeengekomen acceptatiecriteria en daarmee aan de eisen van de belanghebbenden bij het project.
Acceptatie door beheer en onderhoud	De acceptatie door de persoon of groep die na overdracht de opgeleverde producten gaan beheren en onderhouden.
Acceptatiecriteria	Een geprioriteerde lijst van meetbare criteria waar het projectproduct aan moet voldoen, wil de klant het projectproduct accepteren.
Accepteren (risicomaatregel)	Een risicomaatregel waarbij de organisatie aanvaardt dat het risico kan plaatsvinden met de eventuele impact op de doelstelling(en) als het daadwerkelijk plaats vindt.
Activiteit	Iets dat een persoon of groep doet. Meestal wordt een activiteit benoemd als onderdeel van een proces of een plan.

Afhankelijkheid (plan)	Een situatie waarbij de ene activiteit een andere activiteit kan beïnvloeden. Een interne afhankelijkheid behelst twee projectactiviteiten. Een externe afhankelijkheid is een afhankelijkheid tussen een projectactiviteit en een activiteit van buiten het project.
Afwijking	Een situatie waarin kan worden verwacht dat de overeengekomen toleranties worden overschreden.
Afwijking van specificatie	Een product dat (naar verwachting) niet voldoet aan de specificaties, c.q. niet wordt opgeleverd. Een afwijking van specificatie is een type issue.
Afwijkingsplan	Een plan om een dreigende overschrijding van overeengekomen project- of fasetoleranties te herstellen of te vermijden. Een afwijkingsplan wordt opgesteld op aanwijzing van de stuurgroep naar aanleiding van een afwijkingsrapport. Een afwijkingsplan omvat de resterende periode van het te vervangen plan.
Afwijkingsrapport	Een beschrijving van de afwijking, de impact ervan, de opties en een aanbeveling hoe verder. Het wordt opgesteld door de projectmanager voor de stuurgroep naar aanleiding van een dreigende overschrijding van de overeengekomen project- of fasetoleranties.
Agile en agile methoden	Een flexibele manier van werken die zich onder andere kenmerkt door samenwerking, prioritering van functionaliteit, incrementeel en iteratief opleveren en timeboxing. Diverse methoden zoals Scrum en Kanban worden geclassificeerd als agile. PRINCE2 is volledig compatibel met de agile methoden.
Backlog	Een geprioriteerde lijst met eisen aan een te realiseren product, meestal beschreven in de vorm van user stories.
Baseline	Referentieniveau op basis waarvan een entiteit wordt bewaakt en beheerst.
Baseline-managementproduct	Een managementproduct dat, indien goedgekeurd, valt onder wijzigingsbeheer.
Bedreiging	Een onzekere gebeurtenis die een negatieve impact kan hebben op doelstellingen.
Bedrijfs- of programmamanagement of de klant	De autoriteit die het project opdraagt, de financiering ter beschikking stelt en gebruik gaat maken van het op te leveren product om daarmee de gewenste uitkomst en de voorziene benefits te realiseren.
Benefit	Een meetbare verbetering, voortkomend uit een verandering, die door één of meer stakeholders als positief wordt ervaren.
Benefitsmanagementaanpak	Een managementaanpak die de benefitmanagementacties en benefitreviews definieert, die plaats moeten vinden om de gewenste uitkomst en de voorziene benefits te realiseren.
Benutten (risicomaatregel)	Een risicomaatregel om een kans te verzilveren.
Beoordeling van een afwijking	Een beoordeling door de stuurgroep met als doel een afwijkingsplan goed of af te keuren.
Beperking	Een restrictie waar het project aan gehouden is.

Bevoegdheid/autoriteit	Het recht om mensen en middelen toe te wijzen en besluiten te nemen.
Borging	Het aspect van onafhankelijk management gericht op het geven van vertrouwen, dat aan de eisen wordt voldaan en de doelen worden gerealiseerd. Zie ook projectborging en kwaliteitsborging.
Burn-chart	Een grafiek die het afgeronde c.q. het openstaande werk ten opzichte van het geplande werk laat zien en regelmatig wordt bijgewerkt.
Business case	De rechtvaardiging voor een initiatief waarmee de voortdurende levensvatbaarheid ervan wordt getoetst.
Calamiteitenplan opstellen (risicomaatregel)	Een plan waarvan voorgenomen wordt dat het alleen gebruikt wordt indien een risico zich voordoet. Soms wordt dit plan ook het 'plan b' genoemd.
Categorie van risicomaatregelen	Een groep van soortgelijke risicomaatregelen. Mogelijke categorieën zijn vermijden en reduceren (bedreiging), benutten en vergroten (kans), en overdragen, delen, accepteren en calamiteitenplan opstellen (bedreiging en kans).
Checkpoint	Een periodieke beoordeling van de voortgang op teamniveau.
Checkpointrapport	Een periodiek rapport van een teammanager aan de projectmanager over de voortgang van één of meer werkpakketten.
Communicatiemanagementaanpak	Een beschrijving van de middelen en frequentie van de communicatie tussen het project en de belanghebbenden.
Concessie	Een afwijking van specificatie die door de wijzigingsautoriteit is geaccepteerd zonder corrigerende maatregel(en).
Configuratie-item	Een entiteit die onderhevig is aan wijzigingsbeheer. De entiteit kan een onderdeel van een product, een product of een set van producten in een release zijn.
Configuratie-itemrecord	Een record dat de status, versie en variant van een configuratie-item en de relatie met andere configuratie-items beschrijft.
Configuratiemanagement	Het beheer van alle configuratie-items, omvattende de technische en administratieve taken die nodig zijn om de configuratie-items te identificeren, te onderhouden en op een beheerste manier te wijzigen.
Configuratiemanagementsysteem	De set van processen, tools en databases die zorg dragen voor het beheer van alle configuratie-items.
Corrigerende maatregel	Een actie of combinatie van acties welke ervoor zorgt dat een dreigende overschrijding van toleranties of een fout in een product wordt opgelost.
Dagelijks logboek	Een logboek dat gebruikt wordt voor het bijhouden van issues en risico's die op informele wijze door de projectmanager kunnen worden afgehandeld.
Delen (risicomaatregel)	Een risicomaatregel voor zowel een kans als een bedreiging waarbij partijen zowel de positieve als negatieve effecten van risico's delen.

Dis-benefit	Een meetbare verandering als gevolg van de te realiseren uitkomst dat door één of meer stakeholders als negatief wordt ervaren en die ook een negatief effect heeft op één of meer organisatiedoelstellingen.
(Eind)resultaat	Zie uitkomst.
Eindverantwoordelijk (aansprakelijk)	Degene die bevoegd is de uiteindelijke beslissingen te nemen en goedkeuring geeft aan het resultaat. In tegenstelling tot verantwoordelijkheid kan de eindverantwoordelijkheid niet worden gedelegeerd.
Epic	Een overkoepelende functie die meerdere functionaliteiten bevat.
Expertisecentrum (kenniscentrum)	Een bedrijfsfunctie die standaarden met bijbehorend kennismanagement, borging en training onderhoudt en verstrekt.
Fase	Zie managementfase.
Fase-eindbeoordeling	De beoordeling door de stuurgroep bij een faseovergang om het fase-eindrapport en het faseplan goed te keuren en de uitvoerring van de volgende fase te autoriseren.
Fase-eindrapport	Een rapport dat door de projectmanager verstrekt wordt aan de stuurgroep bij een faseovergang waarin informatie over de projectstatus en over de prestaties van de laatste fase zijn opgenomen.
Faseplan	Een gedetailleerd plan dat als basis wordt gebruikt voor projectbeheersing gedurende een managementfase.
Gebeurtenisgedreven beheersinstrument	Een beheersinstrument dat wordt ingezet als een specifieke gebeurtenis plaatsvindt, bijvoorbeeld wanneer een risico of issue wordt geëscaleerd of op het einde van een managementfase.
Gebruiker	De persoon of groep die het projectproduct in gebruik gaat nemen.
Gebruikersacceptatie	De acceptatie door de persoon of groep die het product in gebruik gaat nemen nadat het overgedragen is aan de operationele omgeving.
Geplande projectafsluiting	De activiteiten die nodig zijn voor het volgens plan afsluiten van een project.
Goedkeurder	De persoon of groep die bevoegd is om een product als compleet en geschikt voor zijn doel goed te keuren.
Goedkeuring	Formele bevestiging dat een product compleet is en voldoet aan de eisen (behoudens enige concessies) zoals gedefinieerd in de bijbehorende productbeschrijving.
Governance (bedrijfsbreed)	De doorlopende activiteit van het onderhouden van een solide systeem van interne besturing om bezittingen, capaciteit en organisatiereputatie te beschermen.
Governance (project)	Die gebieden van bedrijfsbrede governance die te maken hebben met projectactiviteiten.
Hoofdpuntenrapport	Een periodiek rapport van de projectmanager aan de stuurgroep over de voortgang van de managementfase.
Impact (van een risico)	Het (mogelijke) effect op het behalen van de project- en organisatiedoelstellingen, mocht het risico zich voordoen.

Inherent risico	De blootstelling aan een specifiek risico voordat risicomaatregelen zijn genomen.
Initiatiefase	De eerste fase van een project waarbij een solide fundatie wordt gelegd voor het realiseren van het projectproduct.
Issue	Elke relevante ongeplande gebeurtenis die managementactie vereist. Een issue kan een wijzigingsverzoek, een afwijking van specificatie of een probleem/punt van zorg zijn.
Issuerapport	Een rapport over een formeel te behandelen issue, met daarin opgenomen de beschrijving van het issue, de impactanalyse en de aanbeveling.
Issueregister	Een register dat gebruikt wordt om informatie over formeel te behandelen issues te verzamelen en te onderhouden.
Issue- en wijzigingsbeheer	De procedure die ervoor zorgt dat alle issues die wijzigingen van de overeengekomen projectdoelstellingen tot gevolg kunnen hebben worden geïdentificeerd, beoordeeld en daarna worden goedgekeurd, afgekeurd of uitgesteld.
Klant	De persoon of groep die opdracht heeft gegeven tot het project en die zal profiteren van de projectresultaten.
Kritieke prestatie-indicator (KPI)	Een prestatiewaarde die gebruikt wordt om een organisatie te helpen definiëren en evalueren hoe succesvol zij is in het boeken van vooruitgang richting haar doelstellingen.
Kwaliteit	De mate waarin de kenmerken van een product of proces voldoet aan eisen, behoeften en verwachtingen die kenbaar gemaakt, vanzelfsprekend of dwingend voorgeschreven zijn.
Kwaliteitsbeheersing	Het proces van beoordelen van de projectresultaten om te bepalen of deze voldoen aan de kwaliteitseisen en om vast te stellen hoe onvoldoende resultaten kunnen worden voorkomen.
Kwaliteitsborging	Een gepland en systematisch proces dat het vertrouwen geeft dat de output aan de kwaliteitscriteria zal voldoen, wanneer deze zal worden getest tijdens de kwaliteitsbeheersing. Kwaliteitsborging wordt onafhankelijk van het project uitgevoerd.
Kwaliteitscriteria	Een specificatie van de kwaliteit waar het product aan moet voldoen en hoe dit zal worden gemeten.
Kwaliteitsinspectie	Een systematische en gestructureerde beoordeling van een product uitgevoerd door één of meer specialisten.
Kwaliteitsmanagement	De gecoördineerde activiteiten om een organisatie op het gebied van kwaliteit te besturen en te beheersen.
Kwaliteitsmanagementaanpak	Een aanpak die de kwaliteitstechnieken, de toe te passen standaarden, en de verschillende verantwoordelijkheden voor het realiseren van de vereiste kwaliteitsniveaus definieert.
Kwaliteitsmanagementsysteem	De volledige set van kwaliteitsstandaarden, -procedures en -verantwoordelijkheden voor een (deel van een) organisatie.

Kwaliteitsrecords	De kwaliteitsdocumenten die zijn opgeslagen om aan te tonen dat de vereiste activiteiten voor kwaliteitsborging en kwaliteitsbeheersing zijn uitgevoerd en om aan te tonen in welke mate de op te leveren producten aan de kwaliteitseisen voldoen en zijn goedgekeurd.
Kwaliteitsregister	Een register dat de gegevens bevat van alle geplande en afgeronde kwaliteitsactiviteiten.
Kwaliteitsreview	Een systematisch en gestructureerde beoordeling van een product, uitgevoerd door een team op een geplande, gedocumenteerde en georganiseerde wijze.
Kwaliteitsverwachtingen van de klant	De verwachting van de klant ten aanzien van de kenmerken van het projectproduct, vastgelegd in de projectproductbeschrijving.
Leerpuntenlogboek	Een informeel bestand met leerpunten die van nut kunnen zijn voor dit project en voor andere projecten.
Leerpuntenrapport	Een rapport voor overdracht van de relevante leerpunten die van nut kunnen zijn voor andere projecten.
Leverancier	De persoon, groep of groepen verantwoordelijk voor het leveren van de specialistenproducten van het project.
Logboek	Een informeel bestand waarvoor de stuurgroep geen goedkeuring hoeft te geven over het format, de samenstelling en het gebruik. (dagelijks logboek en leerpuntenlogboek).
Managementaanpak	De managementacties die uitgevoerd moeten worden om te zorgen voor een effectieve uitvoering van een specifiek aspect van projectmanagement.
Managementfase	De tijdsperiode van een project die de projectmanager als één geheel managet in opdracht van de stuurgroep. Aan het einde van de managementfase beslist de stuurgroep om al dan niet verder te gaan met het project.
Managementproduct	Een product dat benodigd is voor het managen van het project en het realiseren en handhaven van kwaliteit. Er zijn drie typen managementproducten: baselines, rapporten en records.
Mijlpaal	Een belangrijke gebeurtenis in een plan waarmee de voortgang kan worden gemeten.
Nabijheid (van een risico)	De tijdsperiode waarin een risico zou kunnen plaatsvinden. De waarschijnlijkheid en de impact van een risico kan variëren al naar gelang het tijdstip van optreden.
Op maat maken	Het aanpassen van een methode of proces aan de situatie, waarin het gebruikt gaat worden.
Op te leveren product	Zie output.
Opdrachtgever	De persoon die eindverantwoordelijk is dat de projectdoelstellingen en de beoogde benefits van het project worden gerealiseerd. De opdrachtgever is de voorzitter van de stuurgroep, vertegenwoordigt de klant in het project en is eigenaar van de business case.

Opleveringsstap	Een stap binnen de projectaanpak, gekenmerkt door een gebruikte techniek of door de gemaakte producten.
Opstarten	De activiteiten van de opdrachtgever en de projectmanager, tijdens pre-project, om het projectvoorstel met de business case op hoofdlijnen en het initiatiefaseplan op te stellen.
Output	De op te leveren specialistenproducten ofwel een synoniem voor het projectproduct.
Overdracht	Het overdragen van het producteigenaarschap van de leverancier naar de klant. Er kan sprake zijn van een gefaseerde oplevering. De finale oplevering vindt plaats aan het einde van het project.
Overdragen (risicomaatregel)	Een risicomaatregel voor een bedreiging waarbij de negatieve (financiële) impact van een risico wordt overgedragen op een derde.
Plan	Een voorstel om een resultaat of doel te realiseren met een toedeling wie, wat, waar, wanneer en op welke wijze uitvoert. PRINCE2 onderscheidt projectplannen, faseplannen, teamplannen en afwijkingsplannen.
Planningshorizon	De tijdsperiode waarvoor het mogelijk is om een betrouwbaar plan op te stellen.
Portfolio	Het geheel (of een deel) van de projecten en programma's in een organisatie, benodigd om haar strategische doelen te realiseren.
Prestatiedoelen	De na te streven doelen van een plan in tijd, kosten, kwaliteit, scope, benefits en risico.
PRINCE2-principes	De leidende grondbeginselen voor adequaat projectmanagement die de basis vormen van een PRINCE2-project.
PRINCE2-project	Een project waarin de PRINCE2-principes worden toegepast, alle PRINCE2-processen worden toegepast naar hun doel en doelstelling, voldaan wordt aan de minimale eisen die in de PRINCE2-thema's worden beschreven en die gebruikt maakt van alle door PRINCE2 aanbevolen – of gelijkwaardige – technieken.
Probleem/punt van zorg	Een issue niet zijnde een wijzigingsverzoek of afwijking van specificatie, dat de projectmanager zal moeten oplossen of escaleren.
Procedure	Een serie van activiteiten uitgevoerd in een bepaalde volgorde of op een bepaalde manier, om een specifiek doel te behalen, inclusief de bijbehorende verantwoordelijkheden en de benodigde informatie en methoden.
Proces	Een geheel van samenhangende activiteiten om een bepaald doel te realiseren. Een proces gebruikt één of meer inputs om daarmee gedefinieerde outputs te realiseren.
Producent	De persoon of groep die verantwoordelijk is voor het ontwikkelen van een product.

Product	Een input of een output van een proces of project, al dan niet tastbaar, dat vooraf kan worden beschreven en dat kan worden ontwikkeld en getoetst. PRINCE2 onderscheidt management- en specialistenproducten.
Productbeschrijving	De beschrijving van het doel, de samenstelling, de herkomst en de kwaliteitscriteria van een product, hoe en door wie deze criteria zullen worden beoordeeld en wie uiteindelijk het product dient goed te keuren.
Productcontrolelijst	Een lijst van de belangrijkste producten van een plan, met de belangrijkste start-, test en opleverdata.
Productdecompositiestructuur	Een hiërarchische uitsplitsing van alle te realiseren producten in een plan.
Productgerichte planning	Een aanpak die leidt tot een volledig plan gebaseerd op de op te leveren outputs. De aanpak houdt daarbij rekening met de producten die moeten worden aangeleverd, de kwaliteitseisen van de op te leveren producten en de onderlinge afhankelijkheden.
Productstatusoverzicht	Een rapport over de status van producten. Het rapport bevat onder andere informatie over de huidige status, de vorige status en de doorgevoerde en geplande wijzigingen.
Productstroomschema	Een schema dat de productievolgorde en de onderlinge afhankelijkheden van de producten uit de productdecompositiestructuur laat zien.
Programma	Een tijdelijke organisatie die is opgezet om een set gerelateerde projecten en activiteiten te coördineren, te besturen en te bewaken om daarmee uitkomsten en benefits te behalen die betrekking hebben op de strategische doelen van de organisatie.
Project	Een tijdelijke organisatie die is opgezet met het doel één of meer zakelijke producten op te leveren volgens een overeengekomen business case.
Projectaanpak	Een beschrijving van de manier waarop het projectproduct zal worden gerealiseerd.
Projectborging	De verantwoordelijkheden van de stuurgroep om zich te verzekeren dat het project op correcte wijze wordt uitgevoerd. PRINCE2 onderscheidt projectborging vanuit bedrijfs-, gebruikers- en leveranciersperspectief.
Projectbureau	Een entiteit die is ingericht om bepaalde administratieve en ondersteunende diensten te verrichten voor één of meerdere projecten. Het projectbureau vervult zo mogelijk de rol van projectsupport.
Projecteindrapport	Het rapport uitgebracht door de projectmanager aan de stuurgroep op het einde van het project, waarin de projectmanager verantwoording aflegt over het uitgevoerde project en waarop de opdrachtgever de projectmanager decharge kan verlenen en het project kan afsluiten.
Projectinitiatiedocumentatie	Het geheel van documenten die de belangrijkste informatie over het project bevat op basis waarvan besloten kan worden de uitvoering van het project goed te keuren.

Projectlevenscyclus	De periode van de projectinitiatie tot en met de acceptatie van het projectproduct.
Projectmanagement	Alle leidinggevende taken die nodig zijn om de projectdoelstellingen te realiseren en omvat het plannen, delegeren, bewaken en beheersen van alle aspecten van het project en het motiveren van alle betrokkenen.
Projectmanagementteam	Alle personen die een managementtaak vervullen in het project en omvat de leden van de stuurgroep, de projectmanager, de teammanagers, de wijzigingsautoriteit, de projectborging en de projectsupport.
Projectmanagementteamstructuur	De structuur van alle rollen die verantwoordelijk zijn voor het initiëren, inrichten en managen van een project en omvat het bedrijfs- of programmamanagement of de klant en het projectmanagementteam.
Projectmanager	De persoon die verantwoordelijk is voor de dagelijkse leiding van het project om de benodigde producten op te leveren volgens de met de stuurgroep gemaakte afspraken.
Projectmandaat	De beslissing van het bedrijfs-, programmamanagement of de klant dat een project mag worden opgestart. Het projectmandaat vormt de trigger voor het proces opstarten van een project.
Projectplan	Een plan op hoofdlijnen dat door de stuurgroep gebruikt wordt om de voortgang van het gehele project te bewaken en dat de belangrijkste op te leveren producten beschrijft, wanneer ze worden opgeleverd en tegen welke kosten.
Projectproduct	Wat het project moet opleveren om acceptatie te verkrijgen.
Projectproductbeschrijving	De productbeschrijving van het projectproduct. Dit wordt gebruikt om overeenstemming te bereiken met de gebruikers over de omvang, kwaliteitsverwachtingen en acceptatiecriteria voor het projectproduct.
Projectsupport	De administratieve rol in het projectmanagementteam, die de projectmanager en teammanagers ondersteunt met advies en uitvoering van administratieve en specialistische projectmanagementtaken zoals het opstellen van planningen, het verzamelen van actuele cijfers en archiveren van documenten.
Projectvoorstel	Een conceptbeschrijving van de projectopdracht waarin het doel, kosten, doorlooptijd, prestatie-eisen en beperkingen van het project worden beschreven. Het projectvoorstel wordt opgesteld in het proces opstarten van een project.
Randvoorwaarde (plan)	Een fundamenteel aspect die vooraf aanwezig moet zijn en aanwezig moet blijven om het plan te kunnen laten slagen.
Rapport	Een managementproduct dat voorziet in een momentopname van de status van bepaalde aspecten van het project.
Record	Een dynamisch managementproduct die informatie bevat over de voortgang van het project (zoals registers, logboeken en configuratie-itemrecords).

Reduceren (risicomaatregel)	Een proactieve actie om de waarschijnlijkheid of de impact van een risico – mocht het risico zich voordoen – te verminderen.
Register	Een formeel bestand, waarvan de vorm, samenstelling en gebruik door de stuurgroep goedgekeurd moet worden. (zoals het issue-, het kwaliteits- en het risicoregister).
Release	De set van producten in een gefaseerde overdracht die in één keer worden opgeleverd.
Restrisico	Het risico dat overblijft na toepassing van de risicomaatregel(en).
Reviewer	Een persoon of groep onafhankelijk van de producent, die beoordeelt of een product voldoet aan de in de productbeschrijving gedefinieerde kwaliteitscriteria.
Risico	Een onzekere gebeurtenis of reeks gebeurtenissen die, als deze zou plaatsvinden, een effect zal hebben op het behalen van de doelstellingen.
Risico-actiehouder	Een persoon verantwoordelijk voor het uitvoeren van een risicomaatregel, als deze maatregel niet kan worden uitgevoerd door de risico-eigenaar. De risico-actiehouder rapporteert aan de risico-eigenaar.
Risicobereidheid	De houding van een organisatie ten aanzien van het nemen van risico's. Het bepaalt de hoeveelheid risico dat de organisatie als acceptabel beschouwt.
Risicoblootstelling	De hoeveelheid risico aanwezig in de organisatie op enig moment.
Risico-eigenaar	Een persoon die verantwoordelijk is voor het managen, bewaken en beheersen van alle aan hem/haar toegewezen risico's, inclusief de implementatie van de gekozen risicomaatregelen.
Risico-evaluatie	De beoordeling van het netto-effect van alle geaggregeerde kansen en bedreigingen van een activiteit.
Risicomaatregel	Een actie om de blootstelling aan een risico of aan meerdere risico's tot een acceptabel niveau terug te brengen.
Risicomanagement	De systematische toepassing van principes, aanpakken en processen voor het identificeren en beoordelen van risico's, het plannen en implementeren van risicomaatregelen en het communiceren over risico's en managementactiviteiten met belanghebbenden.
Risicomanagementaanpak	Een aanpak die de doelen en het toepassen van risicomanagement beschrijft voor het project met de toe te passen procedures, rollen en verantwoordelijkheden, toleranties, timing van risicomanagementacties, de te gebruiken tools en technieken en de rapportage-eisen.
Risicoprofiel	Een beschrijving van de waarschijnlijkheid en mogelijke impact van een risico.
Risicoprofieloverzicht	Een grafische weergave van de waarschijnlijkheid en de mogelijke impact van de verschillende risico's.
Risicoregister	Een record van de geïdentificeerde risico's inclusief de status en geschiedenis.

Risicoschatting	Het schatten van de waarschijnlijkheid en de impact van een individueel risico.
Risicotolerantielijn	Een lijn in het risicoprofieloverzicht die het onderscheid aangeeft tussen risico's die wel en risico's die niet naar de stuurgroep hoeven te worden geëscaleerd.
Scope (productscope)	Het totaal van op te leveren producten en bijbehorende kwaliteitseisen. De scope wordt beschreven door de productdecompositiestructuur en de productbeschrijvingen.
Scrum	Een bepaalde agile methode om producten op te leveren, ontwikkeld door Ken Schwaber en Jeff Sutherland.
Scrum master	Een Scrum-rol die ervoor verantwoordelijk is dat Scrum begrepen en geïmplementeerd wordt en dat het Scrum-team zich houdt aan de theorie, werkwijzen en regels van de Scrum-methode.
Seniorgebruiker	De rol die de gebruikers vertegenwoordigt in de stuurgroep. De seniorgebruiker is verantwoordelijk voor het specificeren van de gebruikersbehoeften, het beoordelen van de op te leveren producten, het communiceren naar de gebruikers en dat de gedefinieerde benefits gerealiseerd worden.
Seniorleverancier	De rol die de leveranciers vertegenwoordigt in de stuurgroep. De seniorleverancier is verantwoordelijk voor de technische integriteit van het project en dat het projectproduct op tijd, binnen budget en conform de specificaties wordt opgeleverd.
Specialistenproduct	Een product dat tijdens het project moet worden gerealiseerd als onderdeel van de specificaties. Het kan onderdeel zijn van het uiteindelijke eindresultaat of een tussenproduct, waarvan één of meerdere erop volgende producten afhankelijk zijn.
Sponsor	De drijvende kracht van het programma of een project. De sponsor is meestal de opdrachtgever van het project of is degene die de opdrachtgever benoemt. De sponsor is geen officiële PRINCE2-rol.
Sprint	Een timebox van 2 tot 4 weken waarin de in de sprint backlog gedefinieerde en geprioriteerde functionaliteiten worden ontwikkeld.
Stakeholder	Elk individu, groep of organisatie dat belang of invloed heeft of meent te hebben bij een initiatief.
Standaarden van het bedrijfs- of programmamanagement of de klant	De overkoepelende standaarden waar het project zich aan moet houden.
Teambord	Een wand of bord met daarin opgenomen projectinformatie die de projectmedewerkers op elk moment kunnen raadplegen. Het toont onder andere het nog af te ronden werk, werk in uitvoering en afgerond werk.
Teammanager	De persoon verantwoordelijk voor het maken van producten zoals die zijn toegewezen door de projectmanager en gedefinieerd in een werkpakket.
Teamplan	Een optioneel plan dat gebruikt wordt voor het uitvoeren en beheersen van één of meerdere werkpakketten.

Term	Definitie
Techniek voor kwaliteitsreview	Een techniek met gedefinieerde rollen en een specifieke opzet, bedoeld om te beoordelen of een product in de vorm van een document (of vergelijkbaar) compleet is en voldoet aan de overeengekomen kwaliteitscriteria.
Thema	Een belangrijk aspect van projectmanagement dat continu aandacht nodig heeft en dat een specifieke aanpak vereist om de PRINCE2-processen effectief te laten verlopen.
Tijdgedreven beheersinstrument	Een beheersinstrument dat periodiek wordt verstrekt om het volgende managementniveau te informeren, zodat zij in staat zijn de voortgang te bewaken en de nodige corrigerende maatregelen te nemen (hoofdpunten- en checkpointrapport).
Timebox	Een vaste tijdsperiode waarbinnen een doel moet worden gerealiseerd, zonder dat de tijdslimiet verschoven kan worden. Zowel een project, een fase, een release als een werkpakket kan een timebox zijn of één of meerdere timeboxes bevatten.
Tolerantie	De geoorloofde afwijking naar boven en/of naar beneden van een doelstelling (bijvoorbeeld tijd, kosten, scope, kwaliteit, benefits en risico's) zonder dat daarbij naar het volgende managementniveau hoeft te worden geëscaleerd. Toleranties kunnen worden gedefinieerd op project-, fase- en werkpakketniveau.
Transformatie	Een duidelijke verandering in de wijze waarop een organisatie (een deel van) haar bedrijfsuitoefening uitvoert.
Uitkomst	Het gevolg van verandering, waarbij meestal alledaags gedrag en/of omstandigheden worden beïnvloed.
User story	Een beschrijving van een functionaliteit in de vorm van: wie heeft wat nodig en waarom?
Variant	Een variatie op een gebaselined product. Deze Pocket Guide kent bijvoorbeeld naast de Nederlandse ook een Engelse, Franse en Duitse variant.
Verankeren van PRINCE2	Hetgeen een organisatie moet doen om PRINCE2 als haar bedrijfsbrede projectmanagementmethode te adopteren en te laten functioneren.
Verantwoordelijk	De verplichting iets te doen, of het toezicht of de zorg te hebben over iemand, als onderdeel van iemands functie of rol. Deze verplichting kan worden gedelegeerd in tegenstelling tot de eindverantwoordelijkheid.
Verantwoordelijke autoriteit	De persoon of groep die opdracht geeft tot het project (meestal het bedrijfs- of programmamanagement of de klant) en de bevoegdheid heeft om mensen, middelen en gelden toe te wijzen namens de opdrachtgevende organisatie.
Vergroten (risicomaatregel)	Een risicomaatregel voor een kans om de waarschijnlijkheid of de impact van de kans te vergroten.
Vermijden (risicomaatregel)	Een risicomaatregel voor een bedreiging, waarbij de bedreiging niet meer kan optreden of niet langer meer impact heeft op het project.

Versie	Een opvolgende baseline van een product die door een volgnummer of datum wordt onderscheiden van vorige en opvolgende baselines van dat product.
Volwassenheidsmodel	Een methode om het vermogen van de organisatie in een bepaald vakgebied te meten.
Voortijdige afsluiting	De activiteiten benodigd voor het afsluiten van een project vóór de geplande afsluiting.
Waarschijnlijkheid	De mogelijkheid dat een bepaald risico zich voordoet, inclusief de frequentie waarmee dat gebeurt.
Watervalmethode	Een ontwikkelingsaanpak die lineair en sequentieel is, met duidelijk te onderscheiden doelen per uitvoeringsstap, bijvoorbeeld: ontwerp, bouw, pilot en implementatie.
Werklocatie	De locatie waar het projectwerk wordt uitgevoerd.
Werkpakket	Het totaal van werkafspraken nodig om de verantwoordelijkheid voor het uitvoeren van werk en het opleveren van producten over te dragen aan een teammanager of een teamlid, als wel het totaal van het werk en de resultaten vastgelegd in die werkafspraken.
Wijziging	In ruime zin een verandering van een baseline bijvoorbeeld een verandering van een goedgekeurd faseplan. In enge zin een verandering van een productbaseline, bijvoorbeeld een verandering van een goedgekeurd ontwerp.
Wijzigingsautoriteit	Een persoon of groep aan wie de stuurgroep de verantwoordelijkheid voor de beoordeling van en de beslissing over wijzigingsverzoeken en afwijkingen van specificatie heeft gedelegeerd.
Wijzigingsbeheeraanpak	Een beschrijving van het issue- en managementbeheer.
Wijzigingsbudget	Het budget toegewezen aan de wijzigingsautoriteit voor de dekking van kosten ten behoeve van goedgekeurde wijzigingsverzoeken.
Wijzigingsverzoek	Een voorstel om een productbaseline te wijzigen. (één van de drie issuetypes).

Over de auteurs

Bert Hedeman is P3M3-consultant en partner van HWP Consulting BV. Hij heeft meer dan 30 jaar ervaring in project-, programma- en portfolio-management, waarvan 12 jaar bij een internationale bouwonderneming en enkele jaren bij een internationaal ingenieursbureau.

Bert is daarnaast coach en geaccrediteerd trainer voor PRINCE2, PRINCE2 Agile, AgilePM, MSP, P3O, MoP, M_o_R, en IPMA. Bert is auteur van diverse boeken, waaronder 'Projectmanagement gebaseerd op PRINCE2' en 'Managen van agile projecten'. Verder is Bert verbonden aan de opleiding 'Master of Project Management' aan de Hogeschool Utrecht.

Ron Seegers is projectmanagementtrainer en -coach bij Projectmeester. Ron is als trainer geaccrediteerd voor PRINCE2, AgilePM en PRINCE2 Agile, en is co-auteur van 'Managen van Agile projecten'. Om organisaties betere projectresultaten te laten behalen, inspireert Ron hen om bovengenoemde methoden maar ook raamwerken als Scrum eigen te maken en op maat te maken. Ron heeft ervaring in projectmanagement sinds de jaren '90 als projectmanager, manager van projectmanagers, consultant, trainer en coach.